心一堂術數古籍珍本叢刊

書名：六壬秘笈─韋千里占卜講義【新修訂版】
系列：心一堂術數古籍珍本叢刊　三式類　六壬系列　第一輯　104
作者：【民國】韋千里
主編、責任編輯：陳劍聰
心一堂術數古籍珍本叢刊編校小組：陳劍聰　素聞　梁松盛　鄒偉才　虛白盧主

出版：心一堂有限公司
通訊地址：香港九龍旺角彌敦道六一〇號荷李活商業中心十八樓〇五─〇六室
深港讀者服務中心·中國深圳市羅湖區立新路六號羅湖商業大廈負一層〇〇八室
電話號碼：(852)67150840
網址：publish.sunyata.cc
電郵：sunyatabook@gmail.com
網店：http://book.sunyata.cc
淘寶店地址：https://shop210782774.taobao.com
微店地址：https://weidian.com/s/1212826297
臉書：https://www.facebook.com/sunyatabook
讀者論壇：http://bbs.sunyata.cc/

版次：二零一五年七月初版
平裝

定價：港幣　一百二十八元正
人民幣　一百二十八元正
新台幣　四百九十八元正

國際書號：ISBN 978-988-8316-93-9

香港發行：香港聯合書刊物流有限公司
地址：香港新界大埔汀麗路36號中華商務印刷大廈3樓
電話號碼：(852)2150-2100
傳真號碼：(852)2407-3062
電郵：info@suplogistics.com.hk

台灣發行：秀威資訊科技股份有限公司
地址：台灣台北市內湖區瑞光路七十六巷六十五號一樓
電話號碼：+886-2-2796-3638
傳真號碼：+886-2-2796-1377
網絡書店：www.bodbooks.com.tw
台灣國家書店讀者服務中心：
地址：台灣台北市中山區松江路二〇九號一樓
電話號碼：+886-2-2518-0207
傳真號碼：+886-2-2518-0778
網絡書店：http://www.govbooks.com.tw

中國大陸發行　零售：深圳心一堂文化傳播有限公司
深圳地址：深圳市羅湖區立新路六號羅湖商業大廈負一層〇〇八室
電話號碼：(86)0755-82224934

心一堂微店二維碼

心一堂淘寶店二維碼

心一堂術數古籍 珍本 整理 叢刊 總序

術數定義

術數，大概可謂以「推算（推演）、預測人（個人、群體、國家等）、事、物、自然現象、時間、空間方位等規律及氣數，並或通過種種『方術』，從而達致趨吉避凶或某種特定目的」之知識體系和方法。

術數類別

我國術數的內容類別，歷代不盡相同，例如《漢書・藝文志》中載，漢代術數有六類：天文、曆譜、五行、蓍龜、雜占、形法。至清代《四庫全書》，術數類則有：數學、占候、相宅相墓、占卜、命書、相書、陰陽五行、雜技術等，其他如《後漢書・方術部》、《藝文類聚・方術部》、《太平御覽・方術部》等，對於術數的分類，皆有差異。古代多把天文、曆譜、及部分數學均歸入術數類，而民間流行亦視傳統醫學作為術數的一環；此外，有些術數與宗教中的方術亦往往難以分開。現代民間則常將各種術數歸納為五大類別：命、卜、相、醫、山，通稱「五術」。

本叢刊在《四庫全書》的分類基礎上，將術數分為九大類別：占筮、星命、相術、堪輿、選擇、三式、讖諱、理數（陰陽五行）、雜術（其他）。而未收天文、曆譜、算術、宗教方術、醫學。

術數思想與發展——從術到學，乃至合道

我國術數是由上古的占星、卜筮、形法等術發展下來的。其中卜筮之術，是歷經夏商周三代而通過「龜卜、蓍筮」得出卜（筮）辭的一種預測（吉凶成敗）術，之後歸納並結集成書，此即現傳之《易

經》。經過春秋戰國至秦漢之際，受到當時諸子百家的影響、儒家的推崇，遂有《易傳》等的出現，原本是卜筮術書的《易經》，被提升及解讀成有包涵「天地之道（理）」之學。因此，《易・繫辭傳》曰：「易與天地準，故能彌綸天地之道。」

漢代以後，易學中的陰陽學說，與五行、九宮、干支、氣運、災變、律曆、卦氣、讖緯、天人感應說等相結合，形成易學中象數系統。而其他原與《易經》本來沒有關係的術數，如占星、形法、選擇，亦漸漸以易理（象數學說）為依歸。《四庫全書・易類小序》云：「術數之興，多在秦漢以後。要其旨，不出乎陰陽五行，生尅制化。實皆《易》之支派，傳以雜說耳。」至此，術數可謂已由「術」發展成「學」。

及至宋代，術數理論與理學中的河圖洛書、太極圖、邵雍先天之學及皇極經世等學說給合，通過術數以演繹理學中「天地中有一太極，萬物中各有一太極」（《朱子語類》）的思想。術數理論不單已發展至十分成熟，而且也從其學理中衍生一些新的方法或理論，如《梅花易數》、《河洛理數》等。

在傳統上，術數功能往往不止於僅僅作為趨吉避凶的方術，及「能彌綸天地之道」的學問，亦有其「修心養性」的功能，「與道合一」（修道）的內涵。《素問・上古天真論》：「上古之人，其知道者，法於陰陽，和於術數。」數之意義，不單是外在的算數、歷數、氣數，而是與理學中同等的「道」、「理」--心性的功能，北宋理氣家邵雍對此多有發揮：「聖人之心，是亦數也」、「萬化萬事生乎心」、「心為太極」。《觀物外篇》：「先天之學，心法也。……蓋天地萬物之理，盡在其中矣，心一而不分，則能應萬物。」反過來說，宋代的術數理論，受到當時理學、佛道及宋易影響，認為心性本質上是等同天地之太極。天地萬物氣數規律，能通過內觀自心而有所感知，即是內心也已具備有術數的推演及預測、感知能力；相傳是邵雍所創之《梅花易數》，便是在這樣的背景下誕生。

《易・文言傳》已有「積善之家，必有餘慶；積不善之家，必有餘殃」之說，至漢代流行的災變說及讖緯說，我國數千年來都認為天災，異常天象（自然現象），皆與一國或一地的施政者失德有關；下至家族、個人之盛衰，也都與一族一人之德行修養有關。因此，我國術數中除了吉凶盛衰理數之外，人心的德行修養，也是趨吉避凶的一個關鍵因素。

術數與宗教、修道

在這種思想之下，我國術數不單只是附屬於巫術或宗教行為的方術，又往往是一種宗教的修煉手段--通過術數，以知陰陽，乃至合陰陽（道）。「其知道者，法於陰陽，和於術數。」例如，「奇門遁甲」術中，即分為「術奇門」與「法奇門」兩大類。「法奇門」中有大量道教中符籙、手印、存想、內煉的內容，是道教內丹外法的一種重要外法修煉體系。甚至在雷法一系的修煉上，亦大量應用了術數內容。此外，相術、堪輿術中也有修煉望氣（氣的形狀、顏色）的方法；堪輿家除了選擇陰陽宅之吉凶外，也有道教中選擇適合修道環境（法、財、侶、地中的地）的方法，以至通過堪輿術觀察天地山川陰陽之氣，亦成為領悟陰陽金丹大道的一途。

易學體系以外的術數與的少數民族的術數

我國術數中，也有不用或不全用易理作為其理論依據的，如揚雄的《太玄》、司馬光的《潛虛》。也有一些占卜法、雜術不屬於《易經》系統，不過對後世影響較少而已。

外來宗教及少數民族中也有不少雖受漢文化影響（如陰陽、五行、二十八宿等學說。）但仍自成系統的術數，如古代的西夏、突厥、吐魯番等占卜及星占術，藏族中有多種藏傳佛教占卜術、苯教占卜術、擇吉術、推命術、相術等；北方少數民族有薩滿教占卜術；不少少數民族如水族、白族、布朗族、佤族、彝族、苗族等，皆有占雞（卦）草卜、雞蛋卜等術，納西族的占星術、占卜術，彝族畢摩的推命術、占卜術……等等，都是屬於《易經》體系以外的術數。相對上，外國傳入的術數以及其理論，對我國術數影響更大。

曆法、推步術與外來術數的影響

我國的術數與曆法的關係非常緊密。早期的術數中，很多是利用星宿或星宿組合的位置（如某星在某州或某宮某度）付予某種吉凶意義，并據之以推演，例如歲星（木星）、月將（某月太陽所躔之宮次）等。不過，由於不同的古代曆法推步的誤差及歲差的問題，若干年後，其術數所用之星辰的位置，已與真實星辰的位置不一樣了；此如歲星（木星），早期的曆法及術數以十二年為一周期（以應地支），與木星真實周期十一點八六年，每幾十年便錯一宮。後來術家又設一「太歲」的假想星體來解決，是歲星運行的相反，週期亦剛好是十二年。而術數中的神煞，很多即是根據太歲的位置而定。又如六壬術中的「月將」，原是立春節氣後太陽躔娵訾之次而稱作「登明亥將」，至宋代，因歲差的關係，要到雨水節氣後太陽才躔娵訾之次，當時沈括提出了修正，但明清時六壬術中「月將」仍然沿用宋代沈括修正的起法沒有再修正。

由於以真實星象周期的推步術是非常繁複，而且古代星象推步術本身亦有不少誤差，大多數術數除依曆書保留了太陽（節氣）、太陰（月相）的簡單宮次計算外，漸漸形成根據干支、日月等的各自起例，以起出其他具有不同含義的眾多假想星象及神煞系統。唐宋以後，我國絕大部分術數都主要沿用這一系統，也出現了不少完全脫離真實星象的術數，如《子平術》、《紫微斗數》、《鐵版神數》等。後來就連一些利用真實星辰位置的術數，如《七政四餘術》及選擇法中的《天星選擇》，也已與假想星象及神煞混合而使用了。

隨着古代外國曆（推步）、術數的傳入，如唐代傳入的印度曆法及術數，元代傳入的回回曆等，其中我國占星術便吸收了印度占星術中羅睺星、計都星等而形成四餘星，又通過阿拉伯占星術而吸收了其中來自希臘、巴比倫占星術的黃道十二宮、四大（四元素）學說（地、水、火、風），並與我國傳統的二十八宿、五行說、神煞系統並存而形成《七政四餘術》。此外，一些術數中的北斗星名，不用我國傳統的星名：天樞、天璇、天璣、天權、玉衡、開陽、搖光，而是使用來自印度梵文所譯的：貪狼、巨門、祿存、文曲，廉貞、武曲、破軍等，此明顯是受到唐代從印度傳入的曆法及占星術所影響。如星命術中的《紫微斗數》及堪輿術中的《撼龍經》等文獻中，其星皆用印度譯名。及至清初《時憲曆》，置閏之法則改用西法「定氣」。清代以後的術數，又作過不少的調整。

此外，我國相術中的面相術、手相術，唐宋之際受印度相術影響頗大，至民國初年，又通過翻譯歐西、日本的相術書籍而大量吸收歐西相術的內容，形成了現代我國坊間流行的新式相術。

陰陽學——術數在古代、官方管理及外國的影響

術數在古代社會中一直扮演着一個非常重要的角色，影響層面不單只是某一階層、某一職業、某一年齡的人，而是上自帝王，下至普通百姓，從出生到死亡，不論是生活上的小事如洗髮、出行等，大事如建房、入伙、出兵等，從個人、家族以至國家，從天文、氣象、地理到人事、軍事，從民俗、學術到宗教，都離不開術數的應用。我國最晚在唐代開始，已把以上術數之學，稱作陰陽（學），行術數者稱陰陽人。（敦煌文書、斯四三二七唐《師師漫語話》：「以下說陰陽人謾語話」，此說法後來傳入日本，今日本人稱行術數者為「陰陽師」）。一直到了清末，欽天監中負責陰陽術數的官員中，以及民間術數之士，仍名陰陽生。

古代政府的中欽天監（司天監），除了負責天文、曆法、輿地之外，亦精通其他如星占、選擇、堪輿等術數，除在皇室人員及朝庭中應用外，也定期頒行日書、修定術數，使民間對於天文、日曆用事吉凶及使用其他術數時，有所依從。

我國古代政府對官方及民間陰陽學及陰陽官員，從其內容、人員的選拔、培訓、認證、考核、律法監管等，都有制度。至明清兩代，其制度更為完善、嚴格。

宋代官學之中，課程中已有陰陽學及其考試的內容。（宋徽宗崇寧三年〔一一零四年〕崇寧算學令：「諸學生習……並曆算、三式、天文書。」「諸試……三式即射覆及預占三日陰陽風雨。天文即預

定一月或一季分野災祥，並以依經備草合問為通。」

金代司天臺，從民間「草澤人」（即民間習術數人士）考試選拔：「其試之制，以《宣明曆》試推步，及《婚書》、《地理新書》試合婚、安葬，並《易》筮法，六壬課、三命、五星之術。」（《金史》卷五十一・志第三十二・選舉一）

元代為進一步加強官方陰陽學對民間的影響、管理、控制及培育，除沿襲宋代、金代在司天監掌管陰陽學及中央的官學陰陽學課程之外，更在地方上增設陰陽學課程（《元史・選舉志一》：「世祖至元二十八年夏六月始置諸路陰陽學。」）地方上也設陰陽學教授員，培育及管轄地方陰陽人。（《元史・選舉志一》：「（元仁宗）延祐初，令陰陽人依儒醫例，於路、府、州設教授員，凡陰陽人皆管轄之，而上屬於太史焉。」）自此，民間的陰陽術士（陰陽人），被納入官方的管轄之下。

至明清兩代，陰陽學制度更為完善。中央欽天監掌管陰陽學，明代地方縣設陰陽學正術，各州設陰陽學典術，各縣設陰陽學訓術。陰陽人從地方陰陽學肄業或被選拔出來後，再送到欽天監考試。（《大明會典》卷二二三：「凡天下府州縣舉到陰陽人堪任正術等官者，俱從吏部送（欽天監），考中，送回選用；不中者發回原籍為民，原保官吏治罪。」）清代大致沿用明制，凡陰陽術數之流，悉歸中央欽天監及地方陰陽官員管理、培訓、認證。至今尚有「紹興府陰陽印」、「東光縣陰陽學記」等明代銅印，及某某縣某某之清代陰陽執照等傳世。

清代欽天監漏刻科對官員要求甚為嚴格。《大清會典》「國子監」規定：「凡算學之教，設肄業生。滿洲十有二人，蒙古、漢軍各六人，於各旗官學內考取。漢十有二人，於舉人、貢監生童內考取。附學生二十四人，由欽天監選送。教以天文演算法諸書，五年學業有成，舉人引見以欽天監博士用，貢監生童以天文生補用。」學生在官學肄業、貢監生肄業或考得舉人後，經過了五年對天文、算法、陰陽學的學習，其中精通陰陽術數者，會送往漏刻科。而在欽天監供職的官員，《大清會典則例》「欽天監」規定：「本監官生三年考核一次，術業精通者，保題升用。不及者，停其升轉，再加學習。如能黽勉供職，即予開復。仍不及者，降職一等，再令學習三年，能習熟者，准予開復，仍不能者，黜退。」除定期考核以定其升用降職外，《大清律例》中對陰陽術士不準確的推斷（妄言禍福）是要治罪的。《大清律例・一七八・術七・妄言禍福》：「凡陰陽術士，不許於大小文武官員之家妄言禍福，違者杖一百。其依經推算星命卜課，不在禁限。」大小文武官員延請的陰陽術士，自然是以欽天監漏刻科官員或地方陰陽官員為主。

官方陰陽學制度也影響鄰國如朝鮮、日本、越南等地，一直到了民國時期，鄰國仍然沿用着我國的多種術數。而我國的漢族術數，在古代甚至影響遍及西夏、突厥、吐蕃、阿拉伯、印度、東南亞諸國。

術數研究

術數在我國古代社會雖然影響深遠，「是傳統中國理念中的一門科學，從傳統的陰陽、五行、九宮、八卦、河圖、洛書等觀念作大自然的研究。……傳統中國的天文學、數學、煉丹術等，要到上世紀中葉始受世界學者肯定。可是，術數還未受到應得的注意。術數在傳統中國科技史、思想史，文化史、社會史，甚至軍事史都有一定的影響。……更進一步了解術數，我們將更能了解中國歷史的全貌。」（何丙郁《術數、天文與醫學中國科技史的新視野》，香港城市大學中國文化中心。）

可是術數至今一直不受正統學界所重視，加上術家藏秘自珍，又揚言天機不可洩漏，「（術數）乃吾國科學與哲學融貫而成一種學說，數千年來傳衍嬗變，或隱或現，全賴一二有心人為之繼續維繫，賴以不絕，其中確有學術上研究之價值，非徒癡人說夢，荒誕不經之謂也。其所以至今不能在科學中成立一種地位者，實有數因。蓋古代士大夫階級目醫卜星相為九流之學，多恥道之；而發明諸大師又故為惝恍迷離之辭，以待後人探索；間有一二賢者有所發明，亦秘莫如深，既恐洩天地之秘，復恐譏為旁門左道，始終不肯公開研究，成立一有系統說明之書籍，貽之後世。故居今日而欲研究此種學術，實一極困難之事。」（民國徐樂吾《子平真詮評註》，方重審序）

現存的術數古籍，除極少數是唐、宋、元的版本外，絕大多數是明、清兩代的版本。其內容也主要是明、清兩代流行的術數，唐宋或以前的術數及其書籍，大部分均已失傳，只能從史料記載、出土文獻、敦煌遺書中稍窺一鱗半爪。

術數版本

坊間術數古籍版本，大多是晚清書坊之翻刻本及民國書賈之重排本，其中豕亥魚魯，或任意增刪，往往文意全非，以至不能卒讀。現今不論是術數愛好者，還是民俗、史學、社會、文化、版本等學術研究者，要想得一常見術數書籍的善本、原版，已經非常困難，更遑論如稿本、鈔本、孤本等珍稀版本。在文獻不足及缺乏善本的情況下，要想對術數的源流、理法、及其影響，作全面深入的研究，幾不可能。

有見及此，本叢刊編校小組經多年努力及多方協助，在海內外搜羅了二十世紀六十年代以前漢文為主的術數類善本、珍本、鈔本、孤本、稿本、批校本等數百種，精選出其中最佳版本，分別輯入兩個系列：

一、心一堂術數古籍珍本叢刊

二、心一堂術數古籍整理叢刊

前者以最新數碼（數位）技術清理、修復珍本原本的版面，更正明顯的錯訛，部分善本更以原色彩色精印，務求更勝原本。并以每百多種珍本、一百二十冊為一輯，分輯出版，以饗讀者。

後者延請、稿約有關專家、學者，以善本、珍本等作底本，參以其他版本，古籍進行審定、校勘、注釋，務求打造一最善版本，方便現代人閱讀、理解、研究等之用。

限於編校小組的水平，版本選擇及考證、文字修正、提要內容等方面，恐有疏漏及舛誤之處，懇請方家不吝指正。

心一堂術數古籍 珍本 整理 叢刊編校小組

二零零九年七月序

二零一四年九月第三次修訂

序

古人問休咎。決疑難。無不賴之以卜。卜道夥矣。而精細詳明。應驗如神者。要以六壬爲最。雖六壬之名。始見於隋書經籍志。而論者以爲周語伶州鳩之對七律。實其權輿。下逮春秋子胥少伯。並以精於其術著名。吳越春秋越絕書中。俱載其事。則由來亦遠矣。然其學源本律曆。旁通義象。組織繁複。義理玄奥。前賢著述。雖不罕覯。類皆陳義過深。學者苦難索解。望洋興嘆。於是湮而不彰。斯道日衰。千里研究有年。毫無深造獨到之處。幸而凡有所卜。尙獲中肯。嘗鑒人事日繁。決疑之學。當亦日亟。爰彙萃衆說。採英擷華。幷憑歷年研究心得。分門編纂。提要鉤玄。出以淺近之文字。草「六壬祕笈」一書。雖不足當高明之顧盻。倘亦初學之一助。惟初版伊始。魯魚亥豕。比比皆是。既蒙海內學者。匡其譌謬。若不整理重印。多負雅愛矣。復以「祕笈」二字。命名不妥。改爲「占卜講義」。再付剞劂。夫覆瓿之作。不知藏拙。徒以取誚。固胡爲哉。蓋仍有冀乎拋磚引玉。士君子之源源賜教耳。

民國壬午初秋嘉興韋千里識於春申寓次。

占卜講義目次

占卜講義卷一

嘉興韋千里編

入門篇

六壬之命名

六壬眎斯曰。天干凡十。壬課獨取乎壬者。蓋壬乃陽水。天一生水。爲數之始。壬寄在亥。亥屬乾宮。亦易卦首乾之義。此立名之宗也。

六壬之組織

凡一學識。皆由幾個單位組織而成。六壬之組織。爲干支。太歲。月將。占時。地盤。天盤。四課。三傳。天將。遁干。年命。等項。相聚而成也。

干支說明

甲、乙、丙、丁、戊、己、庚、辛、壬、癸、爲十天干。甲爲陽木。乙爲陰木。丙爲陽火。丁爲陰火。戊爲陽土。己爲陰土。庚爲陽金。辛爲陰金。壬爲陽水。癸爲陰水。

子、丑、寅、卯、辰、巳、午、未、申、酉、戌、亥、爲十二地支。子爲陽水。丑未皆爲陰土。寅爲陽木。卯爲陰木。辰戌皆爲陽土。巳爲陰火。午爲陽火。申爲陽金。酉爲陰金。亥爲陰水。

太歲說明

例如今年爲甲子年。太歲卽爲甲子。明年爲乙丑年。太歲卽爲乙丑。

月將說明

月將者。一月之將也。視太陽入何宮。卽爲何將。太陽於每月中氣過宮。故月將亦應逢中氣而交換。茲特分述各月節。氣。月將。如後。

正月建寅。立春節。雨水氣。　二月建卯。驚蟄節。春分氣。
三月建辰。清明節。穀雨氣。　四月建巳。立夏節。小滿氣。
五月建午。芒種節。夏至氣。　六月建未。小暑節。大暑氣。
七月建申。立秋節。處暑氣。　八月建酉。白露節。秋分氣。
九月建戌。寒露節。霜降氣。　十月建亥。立冬節。小雪氣。

十一月建子。大雪節。冬至氣。
雨水至春分。月將爲亥。
穀雨至小滿。月將爲酉。
夏至至大暑。月將爲未。
處暑至秋分。月將爲巳。
霜降至小雪。月將爲卯。
冬至至大寒。月將爲丑。

十二月建丑。小寒節。大寒氣。
春分至穀雨。月將爲戌。
小滿至夏至。月將爲申。
大暑至處暑。月將爲午。
秋分至霜降。月將爲辰。
小雪至冬至。月將爲寅。
大寒至雨水。月將爲子。

占時說明

占時之法有三。有以圓形木盒。雕刻十二孔。每孔書一時辰，綜成子、丑、寅、卯、辰、巳、午、未、申、酉、戌、亥、十二字。置珠搖動。視珠落某時。卽爲占時。

又有以十二竹籤。（或木或象牙皆可。）每籤刻一時辰。閉目任抽一籤，視抽得之籤爲某時。卽爲占時。

亦有倩人口報一時者。如報辰時。卽以辰爲占時。

地盤說明

地盤。即子、丑、寅、卯、辰、巳、午、未、申、酉、戌、亥之十二占時也。其式如下。乃靜而不變。定而不變者也。

巳（巳時在此位）	午（午時在此位）	未（未時在此位）	申（申時在此位）
辰（辰時在此位）			酉（酉時在此位）
卯（卯時在此位）			戌（戌時在此位）
寅（寅時在此位）	丑（丑時在此位）	子（子時在此位）	亥（亥時在此位）

天盤說明

天盤。即月將加于占時。而成功者也。月將與占時。未必相同。故其地位。錯綜參伍。不若地盤之呆定弗變也。舉例如左。

十一月冬至後丑將寅時天盤式。

辰	巳	午	未
卯			申
寅			酉
丑（天盤丑將。地盤即是寅時。）	子	亥	戌

正月雨水後亥將申時天盤式。

天盤亥將。地盤卯是申時

亥	子	丑	寅
戌			卯
酉			辰
申	未	午	巳

四課說明

四課。乃以本日干支。會同天地盤。而演成者也。其演法分爲四步。爰先述明十干之寄宮。再敍演法如左。

十干寄宮歌訣。

甲課寅兮乙課辰。丙戊課巳不須論。丁己課未庚申上。辛戊壬亥是其眞。癸課原來丑宮坐。分明不用四正神。

解釋

甲寄寅宮。乙寄辰宮。丙與戊皆寄巳宮。丁與己皆寄未宮。庚寄申宮。辛寄戌宮。壬寄亥宮。癸寄丑宮。

四正神。卽子午卯酉也。

演法第一步

先將日干寫上。然後依十干寄宮例。查其寄入地盤何宮。卽從其處。將天盤所加之字。寫於干上。卽爲第一課。

演法第二步

以干上所得之字。寫於日干之左。從地盤上查此字上之天盤爲何字，卽書於此字之上。是爲第二課。

演法第三步

將日支寫在第二課之左。與第一二課之下一字平列。乃從地盤上查得支上所加之天盤爲何字。寫於支上。是爲第三課。

演法第四步

以支上所得之字。寫在支之左。再從地盤上查得此字上之天盤爲何字。卽寫於此字之上。是爲第四課。

例一。甲子日辰時寅將。（占得之時爲辰時。）

（第一課）子甲　　午未申酉

（第二課）戌子　　巳　戌

（第三課）戌子　　辰　亥

（第四課）申戌　　卯寅丑子

按甲寄寅宮。視地盤寅上得子。寫於甲上。得子甲。是爲第一課。次將子字寫於甲字之左。視地盤子上得戌。寫於子上。得戌子。是爲第二課。一二兩課。乃由日干而得。名曰日上兩課。又將日支子字。寫於子字（戌子之子）之左。視地盤子上得戌。寫於子上。得戌子。是爲第三課。再將戌字寫於子字（日支之子）之左。視地盤戌上得申。寫於戌上、得申戌。是爲第四課。三四兩課。乃由日支而得。名曰辰上兩課。（壬學中簡稱日干爲日。日支爲辰。）

三傳說明

三傳者。初傳。（又名發用）中傳。末傳。是也。乃由四課之上下尅賊。或他種情形而成。

(上尅下曰尅。下尅上曰賊。)三傳取法。分爲九類。玆先述五行之生尅。再詳敍三傳之取法於後。

五行生尅。

金尅木。　木尅土。　土尅水。　水尅火。　火尅金。

金生水。　水生木。　木生火。　火生土。　土生金。

三傳取法第一類(賊尅)

(歌訣)取課先從下賊呼。如無下賊上尅初。初傳之上中傳取。中傳之上末傳居。

(解釋)如四課中有一下賊上者。先以受尅之神爲初傳。次從地盤視初傳上天盤所加之字。爲中傳。再由中傳上天盤所加之字。爲末傳。名曰始入。

如四課內有上尅下。又有下賊上。則取下賊上爲初傳。中末傳之取法。與始入同。名曰重審。

又如四課中。無一下賊上。而有一上尅下者。卽以上尅下者。爲初傳。中末傳之取法。與始入重審皆同。名曰元首。

(例一)四月丙戌日巳時申將。

申丙　亥子丑寅
亥申　戌　卯
申亥寅　丑戌　酉　辰
辰丑　申未午巳

按四課中。惟第一課申丙。爲丙火尅申金。下賊上。餘皆無尅。故以受尅之申金爲初傳。查地盤申上得亥。亥上得寅。故以亥爲中傳。寅爲末傳。

例二）四月丁丑日子時申將。

卯丁　巳辰午未
亥卯　卯　申
巳丑酉　丑酉　寅　酉
巳酉　丑子亥戌

按四課中惟第四課巳酉。爲巳火尅酉金。上尅下。餘皆無尅。故以巳爲初傳。查地盤巳上得丑。丑上得酉。故以丑爲中傳。酉爲末傳。

(附識)凡取剋爲發用。不論上剋。下賊。俱取上一字爲初傳。不用下一字。

三傳取法第二類(比用)

(歌訣)剋賊或不止一課。知一之法須先明。擇與日干比者用。陽日用陽陰用陰。

(解釋)四課中有二三下賊上者。或有二三上剋下者。則當取與日干相比者爲初傳。名曰比用(二下賊上曰比用。二上剋下曰知一。)日干相比者。如甲日用子寅等陽支。乙日用丑卯等陰支是也。其中傳末傳之取法。與賊剋法同。

(例一)八月壬辰日巳時辰將。

戌壬　未申酉戌
酉戌　午　亥
戌酉中
卯辰　巳　子
卯寅　辰卯寅丑

按四課中。第一課戌壬。戌土剋壬水。爲上剋下。第三課卯辰。卯木剋辰土。亦爲上剋下。因壬水爲陽干。故發用爲陽土之戌。而非陰木之卯。所謂日干相比者是也。

(例二)十月甲寅日酉時寅將。

未甲　丑寅卯辰
子未　子　巳
未寅　亥　午
子未　戌酉申未

子巳戌

按四課中。未甲與子未。皆爲下賊上。因甲爲陽木。故取用子水。而不用未土。蓋子爲陽水。與日干相比也。

(附識)如四課中有二上尅下。又有一下賊上。應取下賊上。作重審論。如有二上尅下。又有二下賊上。則取下賊上相比者爲用。亦名知一。

三傳取法第三類(涉害)

(歌訣)涉害行來本家止。路途多尅初傳取。孟深仲淺季當休。復等柔辰剛日擬。

(解釋)凡四課中或二上尅下。或二下賊上。而與本日之日干。或俱比。或俱不比。(陽見陽。陰見陰。爲俱比。陽見陰。陰見陽。爲俱不比。)則各就所尅之處。由地盤涉歸本家。

以尅多者爲發用。其尅若相等。則以在地盤四孟上者爲發用。（四孟。寅申巳亥是也。）如無孟。則取仲上者爲發用。（四仲。子午卯酉是也。）如又無仲。則不取季上者。（四季。辰戌丑未是也。）而陽日取干上神發用。陰日取支上神發用。中末傳之取法。與元首知一等課相同。

（例一）正月丁卯日亥將丑時。

巳丁　午未申酉 戌
卯巳　己未 巳　戌
亥酉未
丑卯　辰　亥丑
亥丑　卯寅丑子 戌乙卯辰

按第一課巳丁無尅。第二課卯巳無尅。第三課丑卯。木尅土。第四課亥丑。土尅水。皆爲下賊上。且丑土亥水皆屬陰。與丁火陰日干爲俱比。致無從取用。乃以丑土由地盤所臨之卯位。歷歸本家。經過卯木爲一重尅。至辰位。辰中有寄宮之乙木。又一重尅。再由巳、午、未、申、酉、戌、亥、子、各位。歷歸本家丑位、共得兩重尅。是涉害較淺。再以亥水。由所加之丑位。歷歸本家。經過丑土一重尅。至寅位卯位無尅。至辰位。辰土又一重尅。至巳位。巳中有寄宮之戊土。又一重尅。午位無尅。至未位。未土又一重尅。未中有寄宮之己土。又一重尅。申位酉位無尅。至戌土又一重尅。歷歸本家亥位。共得六重尅。是涉害較深。故以亥爲初傳。

例二）四月庚、日申將戌時

午
辰
寅

申　戌　辰　午
戌　子　午　庚

　　　　　　庚申
卯　辰　巳　午
寅　　　　　未　酉辛
丑　　　　　申
子　亥癸　戌子　酉

按第一課午庚。火尅金。第三課戌子。土尅水。兩課俱係上尅下。庚金陽日。午戌亦皆陽神。是與日俱比。故以戌土。由所臨之子位。歷歸本家、子一重尅。至丑位。丑中有寄宮之癸水。又一重尅。次歷寅、卯、辰、巳、午、未、申、酉、以至於本家戌位。俱無剋。再以午火由所臨之申位。歷歸本家。申金一重剋。申中有寄宮之庚金。又一重剋。至戌位。戌中有寄宮之辛金。又一重剋。以次歷亥、子、丑、寅、卯、辰、巳、各位。以至于午之本家。俱無剋。是戌土由子位。歷至戌之本位。止有二重剋。午火由申位歷歸午之本位。有四重剋。午之涉害較深。故取以爲用。

(例三)正月丙子日亥將辰時。

子丙　卯辰巳午

未子　巳未 寅　未

子未寅

未子　午 丑　申丑

寅未　子亥戌酉

按一課子丙。二課未子。三課未子。四課寅未。乃係四上剋下。二三兩課相同。且未爲陰土。與丙火陽日不比。姑不贅論。子水寅木皆屬陽。與丙干俱比。爰以子由巳上歷歸本位。經丙、巳、午、丁、四重剋。寅由未上歷歸本位。經未、巳、戌、丑、亦爲四重尅。是涉害深淺相等。寅加未。未乃季上。子加己。（丙課在巳）巳乃孟上。故取子水孟上神爲用。

（例四）五月庚午日未將卯時

子庚　　子丑寅卯戌

辰子　　亥　辰癸子

辰申子　戌午　戌　巳丑

寅戌　　酉申未午

按二課辰子。四課寅戌。辰土尅子水。寅木尅戌土。是二上尅下。寅辰俱係陽神。俱與庚金陽日相比。以辰字由子上涉歸本位經子癸二重尅。以寅字由戌上涉歸本位。經戌、丑、二重尅。是涉害又復相等。查辰寅二神。俱非加孟。則當取仲上。故以辰爲用。蓋辰加於子上也。

（例五）十一月戊辰日丑將午時。

子戊　卯辰巳午 壬亥
未子　未巳寅　未 子
亥辰　丑　申 癸
午亥　戊子亥戌酉

子未寅

按一課子戊。二課未子。三課戊辰。四課午亥。三下賊上。而亥爲陰水。與戊日陽土不比。故不取。則子午二神。與日干俱比。但歷歸本家。又俱經四重尅。子加巳。（戊課在巳。）午加亥。又俱係孟上神。涉害孟神皆相等。戊爲陽日。爰取干上先見之子爲發用。

（附識）如例一與例二。皆以涉害深者發用。名曰涉害。如例三以孟上神發用。名曰見機。如例四以仲上神發用。名曰察微。如例五陽日用干上神。名曰綴瑕。又名復等。（陰日用支上神亦曰綴瑕復等。）凡查涉害深淺。其爲上尅下。應以上者查所尅地盤之神。其爲下賊上。應以上者查受尅于地盤之神。而計深淺。方無差誤。如例一。第三第四兩課。皆爲下賊上。故以丑土查受尅之木。亥水查受尅之土。如例二第一第三兩課。皆爲下賊上。故以午火查所剋之金。以戌土查所剋之水。

三傳取法第四類（遙剋）

（歌訣）四課無剋取遙剋。日與神兮遞互招。先取遙神剋其日。如無方取日來交。遙剋或者有兩神。擇與日比爲初爻。

（解釋）四課中無剋下。亦無下賊上。則取四課上神。來遙剋日干者。爲發用。如無。則取日干遙剋之神。爲發用。若日干遙剋兩神。或兩神遙剋日干。則取與日干相比者。爲發用。中傳末傳之取法。與元首重審等課相同。

（例一）七月壬辰日巳將寅時。

寅壬　　亥子丑寅

巳寅　　戌　　卯

戌丑辰

未辰　　酉　　辰

戌未　　申未午巳

按四課俱無上下剋。課上神未戌。來剋日干壬水。壬係陽干。未乃陰支。與日不比。故不取。戌爲陽土。與日相比。故取爲發用。

(例二)正月壬申日亥將申時。

寅壬　亥子丑寅
巳寅　戌　卯
巳申亥
亥申　酉　巳
寅亥　申未午辰

按課中無上下剋。又無上神遙剋日干。則取日干遙剋之神。爲發用。壬水遙剋巳火。故以巳爲初傳。

(附識)如例一課上神遙剋日干。名曰蒿矢。如例二日干遙剋課上神。名曰彈射。或逢四課上下無剋。但有課上神遙剋日干。又日干遙剋課上神。則取剋日者爲用。

三傳取法第五類(昴星)

(歌訣)無遙無剋昴星論。陽仰陰俯酉位參。中末二傳須記取。日上神與辰上神。剛日先辰而後日。柔日先日而後辰。

(解釋)四課無上下剋。又無遙剋。曰昴星。陽日取地盤酉宮上神爲初傳。中傳取支上神。末傳取干上神。陰日則取天盤酉下神爲初傳。中傳取干上神。末傳取支上神。

(例一)八月戊寅日辰將子時。

酉戊　子丑寅卯(酉)

丑酉　亥　　辰

午寅　戌　　巳

戊午　酉申未午

丑午酉

按一課酉戊。二課丑酉。三課午寅。四課戊午。旣上下無剋。又無遙剋。乃昴星課也。戊係陽日。故取地盤酉上之丑爲初傳。支上午爲中傳。干上酉爲末傳。

(例二)七月丁亥日巳將寅時。

戌丁　亥子丑寅

丑戌　戌　　卯

寅亥　酉　　辰

巳寅　申未午巳

午戌寅

按一課戌丁。二課丑戌。三課寅亥。四課巳寅。既上下無剋。又無遙剋。丁爲陰日。故取天盤酉下之午爲初傳。干上戌爲中傳。支上寅爲末傳。

(附識)陽日昴星名虎視。陰日昴星名冬蛇掩目。

三傳取法第六類(伏吟)

(歌訣)伏吟有剋仍爲用。無剋剛干柔取辰。初傳所刑爲中傳。中傳所刑末傳存。若是自刑爲發用。中傳顛倒日辰尋。中傳更復自刑者。末取中冲不論刑。

(解釋)此歌對於伏吟課之三傳取法。尚欠周詳。按月將與占時相同。致天地盤同位。名曰伏吟。若四課上下有剋。照常取剋爲初傳。中傳取初刑。末傳取中刑。若初傳係自刑。則取支上神爲中傳。中刑爲末傳。若中傳又係自刑。則取中冲爲末傳。若四課上下無剋。(不取遙剋)陽日取干上神發用。中傳初刑。末傳中刑。如初傳係自刑。則取支上神爲中傳。如中傳又係自刑。亦取中冲者爲末傳。陰日取支上神爲初傳。中傳初刑。末傳中刑。如初傳係自刑。取干上神爲中傳。中刑爲末傳。如中傳又係自刑。亦取中冲者爲末傳。

六冲附錄(子午冲。丑未冲。寅申冲。卯酉冲。辰戌冲。巳亥冲。)

三刑附錄（寅刑巳。巳刑申。申刑寅。丑刑戌。戌刑未。未刑丑。子刑卯。卯刑子。辰刑辰。午刑午。酉刑酉。亥刑亥。

（辰午酉亥。卽所謂自刑也）

(例一)六月癸丑日午時午將。

丑戌未

丑癸　申酉戌亥
丑丑　未　子
丑丑　午　丑
丑丑　巳辰卯寅

按第一課丑癸有尅。照常取尅爲用。故以丑爲初傳。丑刑戌。戌爲中傳。戌刑未。未爲末傳。

(例二)四月丙辰日申將申時。

巳申寅

巳丙　申酉戌亥
巳巳　未　子
辰辰　午　丑
辰辰　巳辰卯寅

按四課無尅。丙乃陽日。故取日上巳爲初傳。巳刑申。申爲中傳。申刑寅。寅爲末傳。

(例三)五月丁丑日未將未時。

丑戌未

未丁　申酉戌亥
未未　未　子
丑丑　午　丑
丑丑　巳辰卯寅

按四課無尅。丁乃陰日。故取支上之丑爲初傳。丑刑戌。戌爲中傳。戌刑未。未爲末傳。

(例四)三月壬辰日酉將酉時。

亥辰戌

亥壬　申酉戌亥
亥亥　未　子
辰辰　午　丑
辰辰　巳辰卯寅

按四課無尅。壬爲陽日。故以干上亥爲初傳。亥乃自刑。故以支上辰爲中傳。辰又自刑。故以辰冲之戌爲末傳。

(附識)如第一例。照常取尅爲用。名曰不虞。如第二例。陽日無尅。取干上神爲用。名曰自任。如第三例。陰日無尅。取支上神爲用。名曰自信。如第四例。陽日無尅。取干上神爲用。初傳自刑。中傳取支上神。中傳又自刑。取中冲爲末傳。名曰杜傳。

三傳取法第七類(返吟)

(歌訣)返吟有尅亦爲用。無尅別有井欄名。丑日用亥未用巳。辰中日未容易尋。

(解釋)月將與占時相冲。致天地盤各居冲位。名曰返吟。若四課有尅。以尅取初傳。初上爲中傳。中上爲末傳。若四課無尅(惟辛未、丁未、己未、辛丑、丁丑、己丑、六日、)以驛馬爲初傳。支上爲中傳。干上爲末傳。

驛馬附錄(寅午戌日驛馬在申。巳酉丑日驛馬在亥。申子辰日驛馬在寅。亥卯未日驛馬在巳。)

(例一)四月庚戌日寅將中時。

寅庚　寅卯辰巳

申寅　丑　午

寅申寅

辰戌　子　未

戌辰　亥戌酉申

按第一課寅庚。下賊上。故以寅爲初傳。寅上申爲中傳。申上寅爲末傳。

(例二)正月辛丑日亥將巳時。

辰辛　寅卯辰巳

戌辰　丑　午

亥未辰

未丑　子　未

丑未　亥戌酉申

按四課無尅。取驛馬爲用。丑之驛馬在亥。故以亥爲初傳。支上未爲中傳。干上辰爲末傳。

三傳取法第八類(別責)

(歌訣)四課不全三課備。無遙無尅別責例。剛日干合上頭神。柔日支前三合寄。中末皆歸日上神。剛柔二日初無異。

(解釋)凡四課不全。只得三課。又無上下尅。又無遙尅。曰別責。陽日取干合之上神爲初傳。中末傳俱用干上神。陰日則取支前三合爲初傳。中末傳俱用干上神。

三合附錄(申子辰三合　亥卯未三合　寅午戌三合　巳酉丑三合)

干合附錄(甲己合　乙庚合　丙辛合　丁壬合　戊癸合)

(例一)八月丙辰日辰將卯時。

午丙　酉戌亥子(辛戌)

未午　申　丑

亥午午

巳辰　未　寅

午巳　午巳辰卯

按第一課與第四課相同。乃四課不全。僅有三課。既無上下尅。又無遙尅。丙乃陽日。應取干合上神爲用。丙與辛合。辛寄宮在戌。戌上是亥。故以亥爲初傳。中末傳俱用干上午。

(例二)十二月辛　日子將丑時。

酉辛　未申酉戌
申酉　午　亥
丑酉酉
申酉　巳　子
未申　辰卯寅丑

按第二課與第三課相同。乃四課不全。祇有三課。又無上下尅。及遙尅。應取支前三合爲初傳。酉支三合。乃巳酉丑。丑在酉前。故以丑爲初傳。中末傳皆用干上酉。

(附識)別責與昴星之分別。乃在于昴星則四課全備。別責有兩課相同。實際祇得三課。別責不論陰日陽日。皆名蕪淫

三傳取法第九類(八專)

(歌訣)兩課無尅號八專。陽日日陽三位前。陰日辰陰逆三位。中末總向日上眠。

(解釋)四課中干支同位。祇有二課。且上下無尅。(不取遙尅。)曰八專。則陽日以干上

神。在天盤順數三神爲初傳。陰日以第四課上神。在天盤逆數三神爲初傳。中末傳皆用干上神。

(例一)十一月甲寅日丑將辰時。

亥甲　巳午未申
申亥　辰　酉
亥寅　卯　戌
申亥　寅丑子亥

丑亥亥

按干支同位。止得兩課。且上下無尅。不取遙尅。甲爲陽日。以日上亥。在天盤上順數三神至丑。故以丑爲初傳。中末傳俱用干上亥。

(例二)八月丁未日辰將丑時

戌丁　亥子丑寅
丑戌　戌　卯
戌未　酉　辰
丑戌　申未午巳

亥戌戌

按此課亦干支同位。只有二課。且上下無尅。丁乃陰日。以第四課上神之丑。在天盤逆數三神至亥。故以亥爲初傳。中末傳俱用干上戌。

(例三)三月己未日酉將未時。

酉己　戌亥子丑
亥酉　酉　寅
酉未　申　卯
亥酉　未午巳辰

酉酉酉

按此亦兩課無尅。己乃陰日。從第四課上神之亥。在天盤逆數三神至酉。故以酉爲初傳。中末傳俱用干上酉

(附識)陰日陽日八專。皆名帷薄不脩。如第三例。三傳皆酉。乃七百二十課中。祇此一課名曰獨足。

遁干說明

六壬所注重之遁干。乃遁三傳之旬干也。遁干之法。應先查日辰在於何旬。再推及於三傳。

六十花甲子。共分十旬。臚舉於後。

甲子。乙丑。丙寅。丁卯。戊辰。己巳。庚午。辛未。壬申。癸酉。爲甲子旬。戌亥爲旬空。

甲戌。乙亥。丙子。丁丑。戊寅。己卯。庚辰。辛巳。壬午。癸未。爲甲戌旬。申酉爲旬空。

甲申。乙酉。丙戌。丁亥。戊子。己丑。庚寅。辛卯。壬辰。癸巳。爲甲申旬。午未爲旬空。

甲午。乙未。丙申。丁酉。戊戌。己亥。庚子。辛丑。壬寅。癸卯。爲甲午旬。辰巳爲旬空。

甲辰。乙巳。丙午。丁未。戊申。己酉。庚戌。辛亥。壬子。癸丑。爲甲辰旬。寅卯爲旬空。

甲寅。乙卯。丙辰。丁巳。戊午。己未。庚申。辛酉。壬戌。癸亥。爲甲寅旬。子丑爲旬空。

(例一)亥月寅將戊辰日卯時。

辰戊　未申酉戌
卯辰　午亥
卯辰　巳子
寅卯　辰卯寅丑

丁丙乙
卯寅丑

按戊辰日在甲子旬內。三傳卯寅丑。卯遁丁。寅遁丙。丑遁乙者。從甲子順數至卯爲丁卯。寅爲丙寅。丑爲乙丑也。

(例二)巳月申將己酉日丑時。

亥己　卯辰巳午
午亥　寅未
辰酉　丑申
酉辰　子亥戌酉

辛丙癸
亥午丑

按己酉日在甲辰旬內。三傳亥午丑。亥遁辛。午遁丙。丑遁癸者。從甲辰順數至亥爲辛亥。午爲丙午。丑爲癸丑也。

天將說明

天將凡十二。貴人。螣蛇。朱雀。六合。勾陳。青龍。天空。白虎。太常。元武。太陰。天后。是也。習六壬者。對於天將之認識。不可忽略。茲述其程序。晝夜。布法。於後。

天將程序

一貴人。二螣蛇。三朱雀。四六合。五勾陳。六青龍。七天空。八白虎。九太常。十元武。十一太陰。十二天后。此爲一定不變者。能熟讀最妙。蓋便於施布也。

天將晝夜

占時屬於卯、辰、巳、午、未、申、者、爲晝時。屬於酉、戌、亥、子、丑、寅、者爲夜時。占時有晝夜之別。天將亦有晝夜之分。貴人爲十二將之首。旣知天將之程序。則得識晝人與夜貴人。（壬學中亦稱晝貴人爲陽貴人。夜貴人爲陰貴人。）卽可推及而知其他諸將之貴晝夜矣。

晝貴人歌

甲羊戊庚牛。乙猴己鼠求。丙鷄丁猪位。壬兔癸蛇游。六辛逢虎上。陽貴日中儔。（甲日在未。戊日庚日皆在丑。乙日在申。己日在子。丙日在酉。丁日在亥。壬日在卯。癸日在巳。辛日在寅。）

夜貴人歌

甲牛戊庚羊。乙鼠己猴鄉。丙猪丁雞位。壬蛇癸兔藏。六辛逢午馬。陰貴夜時當。（甲日在丑。戊日庚日皆在未。乙日在子。己日在申。丙日在亥。丁日在酉。壬日在巳。癸日在卯。辛日在午。）

例如甲子日。占時爲卯。卯爲晝時。則甲日之晝貴在未。未卽貴人也。因此順推。可知螣蛇在申。朱雀在酉。六合在戌。勾陳在亥。青龍在子。天空在丑。白虎在寅。太常在卯。元武在辰。太陰在巳。天后在午矣。

又如辛未日。占時爲酉。酉乃夜時。則辛之夜貴在午。因此順推。可知螣蛇在未。朱雀在申。六合在酉。勾陳在戌。青龍在亥。天空在子。白虎在丑。太常在寅。元武在卯。太陰在辰。天后在巳矣。

天將之布於天地盤。有順逆之分。凡貴人臨於地盤之亥、子、丑、寅、卯、辰、六位。則天將順布。凡貴人臨於地盤之巳、午、未、申、酉、戌、六位。則天將逆布。特作下列四圖以明之。

貴人在亥順行圖

天空	白虎	太常	元武
青龍			太陰
勾陳			天后
六合	朱雀	螣蛇	貴人

貴人在辰順行圖

螣蛇	朱雀	六合	勾陳
貴人			青龍
天后			天空
太陰	元武	太常	白虎

貴人在戌逆行圖

青龍	勾陳	六合	朱雀
天空			螣蛇
白虎			貴人
太常	元武	太陰	天后

貴人在巳逆行圖

貴人	天后	太陰	元武
螣蛇			太常
朱雀			白虎
六合	勾陳	青龍	天空

(例一)亥月寅將乙日占時爲未。

白虎 卯	太常 辰	元武 巳	午 太陰
天空 寅			未 天后
青龍 丑			申 貴人
勾陳 子	六合 亥	朱雀 戌	酉 螣蛇

按未爲晝時。乙日之晝貴在申。故貴人乘於天盤之申。臨於地盤之丑。而天將順布也。

（天將在於天盤曰乘。在於地盤曰臨。）

(例二)戌月卯將戊日。占時爲丑。

元武 戌	太常 亥	白虎 子	丑 天空
太陰 酉			寅 青龍
天后 申			卯 勾陳
貴人 未	螣蛇 午	朱雀 巳	辰 六合

按丑爲夜時。戊日之夜貴在未。故貴人乘於天盤之未。臨於地盤之巳。而天將逆布也。

生尅定名說明

五行生尅之代名詞。壬學中亦占重要地位。生我者謂父母。我生者謂子孫。尅我者陰陽相異謂官。陰陽相同謂鬼。我尅者謂妻財。與我爲同類者謂兄弟。我字。指日干也。如甲日逢子。甲屬木。子屬水。子水生木。故爲甲之父母。又如庚日逢午。庚屬金。午屬火。午火尅金。庚屬陽金。午屬陽火。是陰陽相同。故午爲庚之鬼。

年命說明

年者。行年所到之宮也。命者。人受生之年。所値之干支也。查行年有男命女命之分。特立表於後。

男命行年表

丙寅一歲 丙子十一 丙戌二一 丙申三一 丙午四一 丙辰五一
丁卯二歲 丁丑十二 丁亥二二 丁酉三二 丁未四二 丁巳五二
戊辰三歲 戊寅十三 戊子二三 戊戌三三 戊申四三 戊午五三
己巳四歲 己卯十四 己丑二四 己亥三四 己酉四四 己未五四

庚午五歲　庚辰十五　庚寅二五　庚子三五　庚戌四五　庚申五五
辛未六歲　辛巳十六　辛卯二六　辛丑三六　辛亥四六　辛酉五六
壬申七歲　壬午十七　壬辰二七　壬寅三七　壬子四七　壬戌五七
癸酉八歲　癸未十八　癸巳二八　癸卯三八　癸丑四八　癸亥五八
甲戌九歲　甲申十九　甲午二九　甲辰三九　甲寅四九　甲子五九
乙亥十歲　乙酉二十　乙未三十　乙巳四十　乙卯五十　乙丑六十

女命行年表

壬申一歲　壬戌十一　壬子二一　壬寅三一　壬辰四一　壬午五一
辛未二歲　辛酉十二　辛亥二二　辛丑三二　辛卯四二　辛巳五二
庚十三歲　庚申十三　庚戌二三　庚子三三　庚寅四三　庚辰五三
己巳四歲　己未十四　己酉二四　己亥三四　己丑四四　己卯五四
戊辰五歲　戊午十五　戊申二五　戊戌三五　戊子四五　戊寅五五
丁卯六歲　丁巳十六　丁未二六　丁酉三六　丁亥四六　丁丑五六

丙寅七歲 丙辰十七 丙午二七 丙申三七 丙戌四七 丙子五七
乙丑八歲 乙卯十八 乙巳二八 乙未三八 乙酉四八 乙亥五八
甲子九歲 甲寅十九 甲辰二九 甲午三九 甲申四九 甲戌 九
癸亥十歲 癸丑二十 癸卯三十 癸巳四十 癸未五十 癸酉六十

查本命宜從本年太歲地盤起一歲。順數整歲。地支隔一位起十年。再隔一位起二十年。以次遞推。既得其整歲所值之年。再就該年逆數。足其歲數。卽得其人生年干支矣。如今年丙子。來人四十八歲。卽自丙子上起一歲。丙寅上十一。丙辰上二十一。丙午上三十一。丙申上四十一。得其整歲。再就該年逆數乙未上四十二。甲午上四十三。癸巳上四十四。壬辰上四十五。辛卯上四十六。庚寅上四十七。己丑上四十八。卽知四十八歲本命爲己丑矣。不論男女命。皆如此推算。

六壬占演程序

六壬之基本組織。泰半已逐項說明於上。茲再定占演程序如後。以爲入門篇之結論。

(一)查明太歲。月將。日干。日支。(二)占時。(三)立天盤。(四)演四課。(五)發三傳。

（六）布天將。（七）遁干。（八）填生尅名詞。（九）推算年命寫於地盤上。

（例式）丙子年。七月十二壬　日。（處暑之後　月將在巳。占時爲丑。本人三十七歲。男命。

癸　乙　己

未　亥　卯

朱雀　天空　太陰

官　兄弟　子孫

太陰 卯壬

朱雀 未卯

青龍 戌午

元武 寅戌

白虎 子　丑 太常　寅 元武　卯 太陰

天空 亥　辰 天后　本命 庚子

青龍 戌　巳 貴人

勾陳 酉　中 六合　未 朱雀　午 螣蛇　行年 壬寅

入門補綴篇

五行衰旺

金木水火土五行。得令則爲旺爲相。不得令則爲休爲囚爲死。列表如左

時令／五行	春	夏	秋	冬	四季
金	囚	死	旺	休	相
木	旺	休	死	相	囚

水	休	囚	相	旺	死
火	相	旺	囚	死	休
土	死	相	休	囚	旺

按春爲木令。夏爲火令。秋爲金令。冬爲水令。四季爲土令。（四季者。指立春立夏立秋立冬之前。各十八天也。）

故春日木旺。火得木生而相。水爲木洩而休。土受木尅而死。金本尅木。木旺則金反囚矣。 夏日火旺。土得火生而相。木爲火洩而休。金受火尅而死。水本尅火。火旺則水反囚矣 秋日金旺。水得金生而相。土爲金洩而休。木受金尅而死。火本尅金。金旺則火反囚矣。

冬日水旺。木得水生而相。金爲水洩而休。火受水尅而死。土本尅水。水旺則土反囚矣。 四季土旺。金得土生而相。火爲土洩而休。水受土尅而死。木本尅土。土旺則木反囚矣。

長生等十二名詞

長生等十二名詞。如十二天將之隨日干而變動也。曰長生。曰沐浴。曰冠帶。曰臨官。曰帝旺。曰衰。曰病。曰死。曰墓。曰絕。曰胎。曰養。長生爲十二名詞之首。故能明瞭十干之長生。即可推而知及十干之其他十一名詞矣。甲長生在亥。乙長生在午。丙戊長生皆在寅。丁己長生皆在酉。庚長生在巳。辛長生在子。壬長生在申。癸長生在卯。再列表明之。

名詞／日干	長生	沐浴	冠帶	臨官	帝旺	衰	病	死	墓	絕	胎	養
甲	亥	子	丑	寅	卯	辰	巳	午	未	申	酉	戌
乙	午	巳	辰	卯	寅	丑	子	亥	戌	酉	申	未
丙戊	寅	卯	辰	巳	午	未	申	酉	戌	亥	子	丑
丁己	酉	申	未	午	巳	辰	卯	寅	丑	子	亥	戌
庚	巳	午	未	申	酉	戌	亥	子	丑	寅	卯	辰
辛	子	亥	戌	酉	申	未	午	巳	辰	卯	寅	丑

壬	申	酉	戌	亥	子	丑	寅	卯	辰	巳	午	未
癸	卯	寅	丑	子	亥	戌	酉	申	未	午	巳	辰

按長生等十二名詞。所以象人之終始。而形容十干之氣衰氣旺也。蓋長生者。猶人之生而漸漸長成也。沐浴者。猶人之既長。知淸潔而沐浴以去垢也。冠帶者。猶人之更長。而具冠帶矣。臨官者。由長而壯。如人之可以出仕矣。帝旺者。壯盛之極。猶人之可以輔帝而大有爲也。衰者。盛極而衰。物之初變也。病者。衰之甚也。死者。氣之盡而無餘也。墓者。造化收藏。猶人之埋於土也。絕者。前之氣絕。而後氣將續也。胎者後之氣續。而結聚成胎也。養者。如人養胎母腹也。自是而復長生。循環無端矣。

德

德者。福佑之神也。計共天德。月德。日德。支德。四種。

天德　正月在丁。　二月在申。　三月在壬。　四月在辛。　五月在亥。　六月在甲。
七月在癸。　八月在寅。　九月在丙。　十月在乙。　十一月在巳。　十二月在庚。

月德　寅午戌月（卽正五九月）在丙。申子辰月（卽三七十一月）在壬。亥卯未月（卽二六十月）在甲。巳酉丑月（卽四八十二月）在庚。

日德　甲己日皆在寅。乙庚日皆在申。丁壬日皆在亥。丙辛戊癸日皆在巳。

支德　子日在巳。丑日在午。寅日在未。卯日在申。辰日在酉。巳日在戌。午日在亥。未日在子。申日在丑。酉日在寅。戌日在卯。亥日在辰。

（附識）壬課中除日干外。均取地支。應將天干所寄之宫。爲德之所在。換言之。除日干外。其餘皆以寄宮代表天干也。如正月天德在丁。丁卽未也。十一月月德在壬。壬卽亥也。

祿

祿。卽日干之祿也。亦爲吉神之一。在壬學上占有重要之地位。列表如左。

日干	甲	乙	丙戊	丁己	庚	辛	壬	癸
日祿	寅	卯	巳	午	申	酉	亥	子

丁神

丁神由遁干而產生。其性質如驛馬之主發動也。請詳以言之。

甲子旬中。丁神在卯。（甲子旬中有丁卯。丁爲卯之遁干。故以卯爲丁神。）

甲戌旬中。丁神在丑。（甲戌旬中有丁丑。丁爲丑之遁干。故以丑爲丁神。）

甲申旬中。丁神在亥。（甲申旬中有丁亥。丁爲亥之遁干。故以亥爲丁神。）

甲午旬中。丁神在酉。（甲午旬中有丁酉。丁爲酉之遁干。故以酉爲丁神。）

甲辰旬中。丁神在未。（甲辰旬中有丁未。丁爲未之遁干。故以未爲丁神。）

甲寅旬中。丁神在巳。（甲寅旬中有丁巳。丁爲巳之遁干。故以巳爲丁神。）

刑冲合害破

關於刑、冲、合、害、破。在三傳說明項內。略有述及。茲特併誌之。

干合　甲己相合。乙庚相合。丙辛相合。丁壬相合。戊癸相合。支三合。亥卯未三合木局。寅午戌三合火局。申子辰三合水局。巳酉丑三合金局。

支六合　子丑合。寅亥合。卯戌合。辰酉合。巳申合。午未合。　支刑　寅刑巳。巳刑申。申刑寅。丑刑戌。戌刑未。未刑丑。（以上為朋刑。）子刑卯。卯刑子。（以上為互刑。）亥刑亥。辰刑辰。午刑午。酉刑酉。以上為自刑。

支冲　子午相冲。丑未相冲。寅申相冲。卯酉相冲。辰戌相冲。巳亥相冲。

支破　子破酉。酉破子。丑破辰。辰破丑。寅破亥。亥破寅。卯破午。午破卯。巳破申。申破巳。未破戌。戌破未。

支害　子未相害。丑午相害。寅巳相害。卯辰相害。申亥相害。酉戌相害。

十二支藏干

子中藏癸水。丑中藏己土。辛金。癸水。寅中藏甲木。丙火。戊土。卯中藏乙木。辰中藏戊土。乙木。癸水。巳中藏丙火。戊土。庚金。午中藏丁火。己土。未中藏己土。乙木。丁火。　申中藏庚金。壬水。戊土。　酉中藏辛金。　戌中藏戊土。丁火。辛金。亥中藏壬水。甲木。

十二支生肖

子鼠。丑牛。寅虎。卯兔。辰龍。巳蛇。午馬。未羊。申猴。酉雞。戌犬。亥猪。

占卜講義卷二

嘉興韋千里編

占斷上篇

占時

占時為先鋒門。蓋傳課未觀。由占時之推察。卽先見事之吉凶也。

時為日干之財。更乘旺氣。得吉神良將。定主財帛之事。

時為日馬。若不値天空。不落旬空。定主出入道路。攸往咸宜之事。

時為日貴。日德。日祿。又帶財星。定為官貴之財。或託官人幹事獲福。若被刑帶煞。（被刑者。刑日干也。帶煞者。帶刧煞災煞大煞等各種凶煞也。）傳見凶將。又主爭財官府。若傳見靑龍。六合。太常。與日三合六合。不見刑尅。仕人加官。庶人得之。見官得理。或得高人攜手。

時為日干三合六合。主外事和合。若合中帶財。得吉神良將。主獲外財。及妻子和合之事。

蓋財亦　妻妾也。

時爲日支三合六合。主內事和合。若式中見子孫爻。乘旺相氣。而帶吉神者。又應添丁。或子孫有和合之事。若支合中帶鬼。上見朱雀。勾陳。定主眷屬仇讎。及爲內事競爭。若仕人得之。主同僚不睦。公吏則同輩相殘。

時合日干。又合日支。主兩動。應內外和合。非一事也。

時爲日干六害。主外憂。

時爲日支六害。主內憂。

時爲日之空亡。事主虛詐。問占無益　。若式中見三合六合　。上帶合。后、龍、常、凡占空喜。終難成功。惟病訟以時落空亡爲吉。然新病逢空則病散。舊病　空則人亡。此又不可不知也。

時爲干冲。主外動。

時爲支冲。主內動。或主家宅卑幼。及與人相爭之事。

時爲日刑。主出入事速。

時爲日破。主破財走失。

時爲日破。上帶吉神。式中見玄武。與日干相合而爲財者。物雖失。可復得。

時爲日破。上見凶神。式中見玄武。而所乘之神。又尅財爻者。主失物難尋。若玄武乘神。與日爲鬼。値旺相而爲刑害者。定主盜賊傷人。若勾陳爲玄武所制。又主捕盜人受傷。有晝占而得夜時者。事多暗昧。病重訟凶。夜占而得晝時者。光明可期矣。

月將

月將爲値事門。蓋占事以月將加占時。分四象之陰陽。別三才之生尅。非神不能決禍福。非將不能取吉凶也。月將入傳。爲福不淺。係吉神則增吉。係凶神則減凶。卽値空亡。亦不以空論。蓋月將乃每月中氣後。太陽躔次也。太陽爲諸曜之主。管三旬之事。不可得而空也。

日辰

日干爲外事門。蓋占事以日干爲人。動作謀爲。皆主乎日也。

支辰爲內事門。凡占事以支辰爲宅。欲知盛衰。須察支之吉凶也。

充其量。論其變。則占婚姻以日爲男。辰爲女。占訟詞。以日爲告訴人。辰爲受訴人。占疾病。以日爲病人。辰爲所患之病。占胎產。以日爲子。辰爲女。占交易。以日爲人。辰爲物品。占墳墓。以日爲生人。辰爲亡人之墓。占奴僕。以日爲主。辰爲僕。占出行。以日爲住。爲陸。辰爲行。爲水。占謀望。以日爲我。辰爲我所求之人。占交戰。以日爲我軍。辰爲敵軍。占動靜。以日爲動。辰爲靜。事類紛繁。。不遑細舉。一言以蔽之。則日爲主體。爲陽。辰爲客體。爲陰也。

日上神生日。諸事皆吉。主有人助神庇。

日上神尅日。諸事皆凶。主被人害鬼擾。

日生日上神。主耗　。日尅日上神。主抑塞。

日上神生辰。辰上神生日。主賓主相得。兩方均順利。

日上神尅辰。辰上神尅日。主賓主不投。兩方均不利。

日上神脫辰。辰上神脫日。（洩氣謂脫、如庚金生子水、子洩庚氣、亦可曰子脫庚金、）主彼脫而此耗。

日上神爲辰之帝旺。辰上神爲日之帝旺。主靜吉而動凶。

日加辰上被辰尅。辰加日上又尅日。主骨肉乖違。

辰加日上被日尅。日加辰上又尅辰。主命運困頓。

日加辰上被辰生。辰加日上又生日。主得人周濟。

日加辰上又生辰。辰加日上又脫日。主身弱財虧。

日上神爲驛馬。主官職榮遷。辰上神爲驛馬。主家宅移動。

日上神見日祿。主揚名於他日。辰上神見日祿。主受屈於他人。

日辰上神。各見日德。再乘吉將。主有意外之喜。

日辰上神爲六合。主合作成就。但占疾病詞訟。則反凶。

日辰均乘墓。或坐墓。主閉塞難通。

日辰上神各見敗氣（敗氣即沐浴。）主人衰氣血敗。宅則屋舍崩頹。

日辰上神各見絕神。（絕即長生等十二名詞中之絕。）宜結束舊事。

日辰上神各見空亡。主虛空不實。

日課不足。主心意不安。辰課不足。主家宅不寧。

日辰上見卯酉。主阻隔不通。日辰上見魁罡。（魁卽戌。罡卽辰。）主傷折難免。

三傳

初傳（又名發用）爲發端門。凡占以初傳爲應事之始。傳吉事吉。傳凶事凶。禍福之端。皆從此而發也。

日上兩課爲初傳。主外事。

辰上兩課爲初傳。主內事。

日上兩課爲初傳。貴人順布。初傳在貴人前。吉凶應驗皆速。

辰上兩課爲初傳。貴人逆布。初傳在貴人後。吉凶應驗皆遲。

第四課爲初傳。主有巧遇。

上尅下爲初傳。主事自外來。利男不利女。利先不利後。利尊長不利卑幼。

下賊上爲初傳。主事從內起。利女不利男。利後不利先。利卑幼。不利尊長。

下賊上爲初傳。逢內戰。主事將成而中變。逢外戰。主身不自由。受人驅策。

上尅下爲初傳。逢內戰。主有阻礙。目的難達。

初傳爲日干長生。主謀爲順利。若坐墓。主舊事復發。

初傳遇敗與死。主毀壞無成。

初傳遇絕。主事卽了結。占行人。主有信息至。

初傳遇墓。主緩滯不進。占病。主纏綿牀褥。占失物。主並未遺失。占行人。卽歸。占舊事。不再發。

初傳與日辰上神。見刑冲破害。均主阻隔不通。

初傳遇空亡。憂喜皆無實在。驚則虛驚。喜則虛喜。

初傳尅日。主身心不安。尅辰主家宅有擾。尅占時。主變生意外。尅末傳。主有始無終。尅本命上神。主財運不通。尅行年上神。主事情乖舛。

初傳值休。主疾病。值囚。主刑罰。

初傳所乘吉將。與初傳爲同類。（如貴人乘丑。青龍乘寅之類。蓋貴人屬丑土。青龍屬寅木也。）主喜上添喜。

初傳所乘凶將。與初傳爲同類。（如申乘白虎。巳乘螣蛇之類。）主凶中不凶。

初傳爲太歲。中末傳見月建或日辰。有移遠就近之象。事宜急速進行。

中傳爲移易門。凡占以中傳爲應事之中。初吉而中凶。其事由吉變凶。如初凶中吉。亦能由凶轉吉也。

初中。母傳子則順。子傳母則逆、

中傳爲鬼。主事壞。

中傳爲墓。主事止。

中傳爲害　多阻隔。

中傳爲破。主中輟。

中傳爲空。主事不成。

末傳爲歸計門。凡占以末傳應事之終。初中雖凶。末傳若吉。事終有成。初中雖吉。末傳轉凶。事終有悔也。

若初傳受下賊而尅。末傳能制其賊尅。終可反凶爲吉。

末尅初。爲終來尅始。遠行萬里。入水不溺。入火不燒。病魋災止。若加破害。則有阻隔。

吉凶皆不成。逢空亡。則事無結果。

初爲日之長生。末爲日之庫。則有始無終。初爲日之墓庫。末爲日之長生。則先難後易。

初傳凶。中末吉。能解之。初中凶。末吉。亦能解。

三傳凶。行年吉。能解之。若三傳行年俱凶。不能解也。

三傳神將。若將尅神。爲外戰。憂輕。雖凶可解。神尅將。爲內戰。憂重。雖吉有凶。

三傳皆空。占事了無一實。如兩傳空。一傳實。卻見大空。亦作三傳空論。如初中空。以末傳爲主。中末空。以初傳爲主。

三傳自干上發用。傳歸支上者。主我去求人幹事。不得自由。自支上發用。傳歸干上者。主人來託我幹事。易於成合。

神吉傳吉。妙不可言。神凶傳凶。禍不旋踵。

三傳不離干支。求物得。謀事遂。行人回。賊不出鄉。逃不脫。

三傳不離四課。謀事成。吉則吉　凶則凶。忌占病訟生產。

三傳離日遠。凡事難成。惟占避難及訟災。可退。

三傳生日。百事吉。三傳尅日。百　凶。干尅初。初尅中。中尅末者。求財大獲。

三傳日辰全逢。下賊上者。毫無和氣。訟必刑。病必死。占事必家法不正。自取其辱。

三傳日辰互換。三合遞相牽連。占事翻來覆去。不易妥當。

三傳三合。爲日干全脫。全生。全鬼。全財。全兄弟者。俱視天將吉凶。及五行制化何如。假如全鬼爲凶兆。若年。命。日。辰。四處。有子孫爻。則制鬼矣。故脫氣要見父母。全生不可見財。

三傳與日。辰。上下皆合緊。則不宜妄動。得日月衝破之。方可他求。然又要看三傳吉凶何如。若吉則宜合。不宜衝破。凶遇衝破。則凶解散。

年命

年命爲變體門。凡占以年命爲事之變易。蓋命爲一身之應。年爲用事之助。傳有一定吉凶。人有各殊年命。如傳財本吉。年命見官鬼而反凶。傳鬼本凶。年命見子孫而成吉。故謂之變體也。

年命臨生旺地者吉。臨死絕地者凶。與日上神及發用。生合比和者吉。與日上神及發用。刑冲破害者凶。

發用雖吉。若爲年命上神所破壞。則反吉爲凶。發用雖凶。若爲年命上神所尅制。則化凶爲吉。（例如日財發用。利於求財。年命上神若爲日之官鬼。則財能生官鬼。謂之脫氣。反主脫耗也。）

日鬼（卽官鬼之鬼）發用。不利於占病。年命上神。若爲日之子孫。則子孫能制日鬼。自不能爲禍也。

年命上見日財。宜求財。見日官。宜求官。見月將最吉。消一切禍。降一切福。見天馬驛馬。主遷官。尤利遠行。見天喜貴人。凡事吉慶。見傳送（卽申）乘凶將。主疾病服藥。見登明（卽亥）乘凶將。主水厄。見螣蛇。主凝滯。見白虎乘死炁尅日。而無救助。不日必死。見白虎乘生　尅命。主有癆瘵之疾。

占個人休咎。須與年命合參。始無舛誤。

十二天將

（一）貴人

天乙貴人。屬己丑土。吉將也。爲十二天將之主。降祥錫福。解厄扶危。順布者吉。逆布者凶。與所乘之神相生或比和者吉。相尅者凶。貴人順布。更與日干相生。雖課傳中見螣蛇勾陳凶將，不爲深害。貴人逆布。更尅日干。雖課傳中見六合青龍。不爲深喜。

貴人得地則貴。失地則賤。故臨君子之命 降福。臨小人之命反生殃。

貴人逢空。落空。（逢空者。所乘之神爲空亡也。落空者。所臨之地盤爲空亡也。）主當憂不憂。常喜不喜。

太歲作貴人。不必入傳。亦主救助。凡事可得貴人助力。惟不救病。

貴人發用。若課體爲富貴。龍德。皆主陞遷求謀。無不遂意。

貴人在日辰前則動。在日辰後則靜。

貴人有日夜之分。日占則晝貴顯。而夜貴隱。夜占則夜貴顯。而晝貴隱。此隱藏之貴人。謂之簾幙貴人。以其隱在 幙中也。考試占得簾幙貴人。與日干相生。必得高第。又謀事遇兩貴人同入傳。或一居日上一居辰上。必分外得力。

日夜二貴人。分臨卯酉。謂之關。分臨子午。謂之隔。惟甲日戊日有之。均主閉塞不通。貴人臨子名解紛。一切紛擾。皆可解散。臨丑名升堂。投書進策。主有貴人接引。臨寅名憑几。宜私門請謁。臨卯名登車。臨酉名入室。均主煩躁不甯。關隔不通。家宅有遷移之象。凡占人口有疾病之虞。臨巳。午。名受賞。主有薦拔遷擢之喜。臨辰戌名入獄。主有煩惱。凡占請謁。遇入獄。必阻滯。即相見亦欠利。臨申名移途。宜途中干謁。臨未名列席。主有宴會之事。臨亥名還宮。又名登天門。諸煞被制。利於進取。

貴人臨丑。十二將各歸本家。不治事。效用全失。

（貴人之類神）爲貴官。爲尊長。爲俸祿。爲文章。爲首飾。爲珍寶。爲穀。爲麻。爲牛。爲鼈。於病爲寒熱頭暈。於色爲黄。於數爲八

（二）螣蛇

螣蛇屬丁巳火。凶將也。主火光驚疑。憂恐怪異等事。與所乘神相生。或比和。則吉。反是則凶。空亡減半。披刑帶煞。災病立至。

螣蛇乘旺相神。更相生者。主胎產與婚姻之喜。以其爲陰私血光之神故也。

占怪異。遇螣蛇乘旺相神。必爲生物。乘死囚神。必爲死物。或有聲無形。

占夢與怪異。先視螣蛇及其陰神。日辰　傳次之。（陰神詳後）

螣蛇乘火神。臨火鄉。（火神火鄉。均指巳午。）或占時下見火。主有火災。亦主口舌官事。

螣蛇所乘神爲日財。且神將旺相相生。占求財大吉。反是主驚恐。

螣蛇臨日辰。占進貨。必得下賤之物。

螣蛇臨子。名掩目。不能傷人。臨丑。名盤龜。主禍消福至。臨寅名生角。旺則得時而成蛟龍。利於進取。衰則失時而爲蜥蜴。宜於退藏。臨酉名露齒。主陰人災疾。口舌怪異。臨午名乘霧。主怪夢。占訟大忌。臨巳名飛空。主小兒夜啼。尅支主難產。臨未名入林。主停柩未葬。或家鬼作祟。臨亥名墮水。主逢凶化吉。臨申名銜劍。臨卯名當門。均主災難不測。臨辰名象龍。臨戌名入塚。均主災難全消。

（螣蛇之類神）爲文字。爲火光。爲血光。爲痼婦。爲熒惑小人。爲蛇。爲蛟。爲豆。爲黍。於病爲手足頭目癰腫見血。於色爲紫。於數爲四。

（三）朱雀

朱雀屬丙午火。凶將也。得地則吉。主文章印信等事。失地則凶。主火災。詞訟。財物損失。牲畜災傷等事。若所乘神旺相。且披刑帶煞。爲害尤深。反此則淺。

占公事遇朱雀逆布。且刑尅日干。必被長官嗔責。反此無害。

占考試須先視朱雀。如所乘神爲歲。月建。或爲月將。或與歲月日相合。且遇祿馬及日德。臨生旺之鄉。必擬高第。若被刑尅。或落空亡。或臨死絕之鄉。試文必不合格。但課體三傳均吉者。不在此例。

朱雀乘火神。臨火鄉。占時又值火。必主火災。若係伏吟課體。神煞伏而不動。或可避免。

朱雀臨子。名損羽。占考試。主落第。占詞訟則無妨。臨丑名掩目。動靜俱吉。無口舌之擾。但不利考試。臨寅卯名安巢。主文書遲滯。占口舌則可平息。臨辰戌名投網。主文書遺亡。臨申名勵嘴。臨午名銜符。主怪異。又主經官涉訟。占考試則吉。臨未名臨墳。臨亥名入水。不宜投書獻策。又主失財。臨酉名夜噪。主有官災。又主疾病。臨巳名晝翔。占口舌詞訟則凶。占文書音信則吉。

正月乘酉。二月乘巳。三月乘丑。四月乘子。五月乘申。六月乘辰。七月乘卯。八月乘亥。九月乘未。十月乘午。十一月乘寅。十二月乘戌。名朱雀銜物。主婚姻財物。正月乘巳。二月乘辰。三月乘午。四月乘未。五月乘卯。六月乘寅。七月乘申。八月乘酉。九月乘丑。十月乘子。十一月乘戌。十二月乘亥。名朱雀開口。主爭鬬口舌。

(朱雀之類神)爲瘋婦。爲熒惑小人。爲羽毛。爲文章。爲獐。爲馬。爲果。爲穀。於病爲胸腹陰腫。爲嘔血。於色爲赤。於數爲九。

(四)六合

六合屬乙卯木。吉將也。得地則爲相合之神。主婚姻信息交易等事。失地則爲虛詐之神。主陰私暗昧等事。

六合順布。乘旺相神而發用。入傳。定主婚姻或胎產喜。若所乘神死囚。且刑尅日干。則主財物口舌。或陰人纏擾。

六合乘酉戌。主奴僕走失。若占盜賊。則逃亡難獲。

六合與天后同入傳。謂之狡童佚女卦。主奸邪不正。一切事須謹防。

六合乘申酉。爲內戰。主陰私婦人事。亦主兄弟口舌。乘辰戌丑未爲外戰。主事從外發。宜暗求私禱。

六合乘子午卯酉。謂之不合。陰陽相雜。爲陰私不明。遇之者凶。

六合乘亥。名待命。主事皆吉。臨巳名不諧。主事皆凶。臨子名反目。主夫妻反目。臨酉名私竄。主男女淫奔。臨寅名乘軒。臨申名結髮。主婚姻美滿。臨辰名違禮。臨戌名亡羞。主冒瀆得罪。臨午名升堂。臨卯名入室。主事已成就。臨未名納采。臨丑名嚴妝。主事將成就。

（六合之類神）爲子孫。爲朋友。爲媒妁。爲牙儈。爲巧工。爲術士。爲竹。爲木。爲鹽。爲粟。爲兔。於病爲陰陽不調。心腹虛損。於色爲青。於數爲六。

（五）勾陳

勾陳屬戊辰土。凶將也。好爭訟。蓄二心。主戰門詞訟等事。勾留遲滯。枝節橫生。

在官者以勾陳爲印綬。旺則吉。衰則凶。

占訟事。以勾陳爲主。勾陳尅日。寃不得伸。日尅勾陳。訟終得直。勾陳之陰神。（勾陳陰神論後。）乘蛇雀。且帶煞尅日者。尤凶。若勾陳尅日。而勾陳之陰神乘貴人。生日。可化凶爲吉。但須本人行年。不落空亡。

占捕盜。遇勾陳尅日。主獲。勾陳所乘之神。尅玄武所乘之神。亦主獲。勾陳所臨之地。尅玄武所臨之地。主盜自敗。或自首。（如玄武臨申酉。勾陳臨巳午。卽其例也。）

占宅墓。則勾陳乘旺相氣。臨宅墓者。（墓卽干。宅卽日辰之辰。）主安。若乘休囚氣。且與宅墓刑尅者。主不安。

勾陳乘辰戌丑未。謂之交會。主禍患連綿。乘辰戌尤凶。正月乘巳。逆行十二支。謂之仗劍。主疾病傷殘。

勾陳。披刑帶煞。災禍卽臨。

勾陳臨子。名沉戟。臨丑名受鉞。均主暗遭凌辱陷害。臨寅名遭囚。宜上書獻策。臨巳名捧印。居官者主遷擢。常人遇之反凶。臨卯名臨門。（一名入獄）主家室不和。臨酉名披刃。主有刑責。臨辰名升堂。主獄吏勾通。臨午名反目。主被他人牽累。臨未名入驛。臨戌名下獄。均主詞訟稽留。臨申名趨戶。臨亥名褰裳。均主勾連反覆。

(勾陳之類神)爲將軍。爲兵卒。爲醜婦。爲獄吏。爲貧薄小人。爲田。爲龍。爲水蟲。於病爲脾虛。於色爲黃。於數爲五。

(六)青龍

青龍屬甲寅木。吉將也。得地則富貴尊榮。失地則財物外耗。主財帛米穀喜慶等事。

占公事。以青龍爲喜神。若所乘之神。披刑帶煞。入傳且尅日干。反主凶。

占婚姻以青龍爲夫。天后爲婦。

新婦入門。占得天后尅青龍所乘之神。定主尅夫。

占求財以青龍爲主。乘旺相氣。臨旺相鄉。與日辰相生。或與日辰作三合六合者吉。但須入傳。或臨日辰上。否則龍居閒地。仍不得力。占婚姻胎產。可依此例。又所乘神生本命。主進財。尅本命。主退財。

占捕盜。最忌青龍入傳。因龍有見首不見尾之象也。占行人遇青龍入傳。亦主轉往他方。

占病。見青龍入傳。其病必因酒食而得。或因房事而得。

占官職。文視青龍。武視太常。與日干生合者吉。反此者凶。龍常乘太歲入傳。必主遷轉。

凡青龍與凶煞合併。加日辰者。主喜慶中有鬬殺。

孟月乘寅。仲月乘酉。季月乘戌。謂之青龍開眼。主消災降福。春乘丑。夏乘寅。秋乘辰。冬乘巳。謂之青龍安臥。主災禍隨臨。

青龍臨酉。名伏龍。宜退守。不宜進取。臨丑名蟠泥。主所謀未遂。臨戌名登魁。主小人爭財。臨巳名飛天。主有重重喜慶。臨寅名乘龍。臨卯名驅雷。均利於經營。臨未名無鱗。主有傷身之害。臨申名折角。主有鬬訟之愆。臨午名燒身。臨辰名掩目。主有不測之憂。臨子名入海。臨亥名游江。主有非常之虞。

（青龍之類神）爲貴官。爲富人。爲田主。爲夫。爲龍。爲虎。爲豹。爲狸貓。爲雨。於病爲肝氣。爲痢疾。於色爲碧。於數爲七。

（七）天空

天空屬戊戌土。凶將也。得天地之雜氣。作人間之詐神。動無利濟之心。靜有妖毒之氣。位居天乙貴人對方。有名而無實。蓋與空亡相類。主虛僞詐巧等事。

占詞訟。發用或末傳乘天空。定主訟解。占求財則尤忌。

占婚姻遇天空發用。或臨日辰。其家必有孤寡之人。否則主祖業凋零。

占奴婢以天空爲主。若所乘之神。與日相生相合則吉。否則主逃亡。所乘之神爲魁罡。奴婢必非良善。

占考試遇天空發用。亦吉。因天空爲奏書之神也。

託人謀事。遇天空發用。或入傳。須防虛詐。

天空乘辰戌丑未。謂之天空閉 可成小事 不可成大事 若貴人順布 與所乘神旺相相生。主奴婢同心。所乘神爲日財。更遇天喜。占求財。主賴小人或僧道之助。又主所獲之財。由虛詐而來。天空乘遁干壬癸。（如甲子旬甲乘申酉。甲戌旬中乘午未之類。）謂之天空下淚。主有死亡。

天空臨子名伏室。（又名溺水。）主百事有憂。臨戌名居家。主百事俱虛。臨丑名侍側。仕宦主遷擢。平民防 弄。臨未名趨進。主欺詐得財 。臨巳名受辱。主腹痛下痢。占謀爲則吉。臨寅名被制。主公私口舌。臨午名識字。臨申名鼓舌。均主情僞難測。臨辰名肆惡。臨卯名乘侮。均主暴客欺凌。臨酉名巧說。臨亥名誣詞。均主奸人詭計。

（天空之類神）爲奴婢。爲醜婦。爲五穀。爲狠。爲犬。爲金鐵空虛之物。爲晴。於病爲氣虛。爲下痢。於色爲黃。於數爲五。

（八）白虎

白虎屬庚申金。凶將也。得地則威猛。失地則狠狽。主刀劍血光。疾病死亡等事。披刑帶煞。災禍立至。

白虎爲威權之將。施大功。作大事。最喜白虎。如發用或入傳。功立成。其事立就。

占官爵亦喜白虎。帶刑煞尤佳。所謂不刑則不發也。

占疾病最忌白虎。如所乘之神尅日。或帶煞尅日。或斗魁乘白虎尅日。尅行年。或白虎之陰神尅日辰年命。皆凶。白虎臨空亡。或附日德。可化凶爲吉。但凶煞太重。亦不能救。

占公事最忌白虎及螣蛇尅日。因二者皆爲血光之神也。

占墓宅視白虎臨何方。可斷其方有岩石或神廟。

占行人以白虎定之。乘初傳主立至。乘中傳主在途。乘末傳主失約不來。

白虎帶喪門弔客。臨支。主家中有喪服。或外服入宅。

占天時。白虎發用。主大風。正月乘申。二月乘寅。三月乘巳。四月乘亥。周而復始。謂之白虎仰視。主殃咎大作。乘巳午名白虎遭擒。主災禍潛消。白虎臨亥子。名溺水。主音書阻隔。臨巳午名焚身。主殃禍消滅。臨卯酉名臨門。主折傷人口。臨丑未名在野。主損壞牛羊。臨寅名登山。仕宦占得大吉。平民占得大凶。臨戌名落穽。主反禍爲福。臨申名銜牒。主有佳音。臨辰名咥人。主官災刑戮。至凶之象也。

(白虎之類神)爲病人。爲道路。爲麥。爲猿猴。爲虎。爲金銅鐵器。於病爲嘔血。爲怔忡。於色爲栗。於數爲七。

(九)太常

太常屬己未土。吉將也。爲四時之喜神。主晏會酒食。衣冠文章等事。

占官最喜太常。如初末傳見太常。且遇天馬驛馬。所求必遂。傳中見河魁太常。主有州寘印綬。蓋河魁爲印。太常爲綬也。

太常發用。又臨日辰。爲印綬星動之象。定主喜慶。若所乘之神旺相而與之相生。仕宦主遷官職。平民主媒妁婚姻。所乘之神休囚。而與之相刑相尅。則主財帛不安。貨物不足。春乘辰。夏乘酉。秋乘卯。冬乘巳。謂之太常被剝。主百事銷鑠。太常臨子。名荷項。主因酒食而受罰。臨寅。名側目。主有讒佞離間。臨卯。名遺冠。主財物損失。臨戌。名逆命。主尊卑不和。臨申名銜杯。臨丑名受爵。均主進職遷官。臨巳名鑄印。臨未名捧觴。均主徵招喜慶。臨午名乘軒。占文書遠信均吉。臨辰名佩印。利仕宦不利平民。臨亥名徵召。主上喜下憎。臨酉名立劵。主事後有爭奪。

（太常之類神）爲武官。爲酒食。爲衣冠。爲麻。爲雁。爲羊。於病爲四肢頭腹不甯。於色爲黃。於數爲八。

（十）元武（一名玄武）

元武。屬癸亥水。凶將也。氣當六甲之窮。位在四時之盡。爲北方至陰之邪氣。主盜賊陰私走亡遺失等事。

占盜賊以元武爲主。元武之陰神。謂之盜神。若陰神上下比和。卽可斷爲盜賊所匿之處。若上下相尅。則再須視盜神之陰神。盜神所生之神。爲賊物藏匿之地。元武之陰陽神。（陽神即元武所乘之神。）與盜神之陰神。遞相生。或盜神乘吉將。主難捕獲。若三神相尅或乘凶將。則主敗露。

元武臨日辰。須防盜賊失脫。又主小人暗算。

元武附日德。臨日辰。占走失人物。主獲尋或自歸。

昴星課元武臨寅卯。必主失脫。公家須防獄囚走失。

元武乘辰戌丑未。謂之橫截。主有盜賊侵凌。元武臨子。名散髮。主走失財物。臨丑名升堂。主詐騙財物。臨寅名入林。主安居樂業。臨辰名失路。主入獄遭刑。臨卯名窺戶。主諸事不利。臨巳名反顧。主百事皆空。臨亥名伏藏。主事有轉機。臨未名入城。主變生不測。臨午名截路。臨酉名拔劍。均主賊懷惡意。不宜反攻。臨申名折足。臨戌名遭囚。均主賊失勢頭。定可擒獲。

（元武之類神）爲盜賊。爲奸邪小人。爲豆。爲猪。於病爲腎虧。爲血崩。於色爲褐。於數爲四。

（十一）太陰

太陰屬辛酉金。吉將也。得地則正直無私。失地則淫亂無恥。主陰私蔽匿。奸邪暗昧等事。

占盜賊遇太陰入傳。或臨日辰。定主難獲。以太陰爲天地之私門也。

占墓宅。遇太陰入傳。則其所臨之方。定有佛寺或奇美景物。

占婚姻遇太陰臨日辰。乘酉亥未發用。其女必不正。

太陰臨日本（日本者、日之長生也、）尅日。主淫亂。

占刑事。遇太陰入傳。與日相生。宜自首。

太陰乘申酉謂之拔劍。主暗中陷害。

太陰臨子。名垂簾。主妾婦相侮。臨丑名守局。主尊卑相蒙。臨戌名被察。主陰人暗損。臨辰名遭迍。主勾連爭訟。臨寅名跣足。臨午名脫巾。主財物文書暗動。臨亥名裸形。臨巳名休枕。主盜賊口舌驚憂。臨酉名閉戶。臨未名觀書。主家宅安甯。臨卯名微行。臨申名執政。主起居佳適。

（太陰之類神）爲兄弟。爲姊妹。爲小麥。爲雞。爲雉。於病爲肺癱。爲癆瘵。於色爲白。

於數爲六

(十二)天后

天后屬壬子水。吉將也。得地則高貴尊榮。失地則奸邪淫亂。主陰私暗昧蔽匿等事。

天后乘太歲。臨日干。主大赦。課體爲三光三陽者尤準。

天后所乘之神。如遇下賊。主有小人凌辱之事。

占婚姻以天后爲主。天后與日干相生。或與日干作三合六合者成。反此不成。天后尅日干。主女有意而男不願。日干尅天后。主男有意而女不願。若課體吉。主先阻後成。

天后遇驛馬。本命上見解神。主離婚。

天后之陰神乘玄武。主曖昧不明。天后之陰神。乘白虎。主妻妾危殆。

天后乘天罡。臨行年。主墮胎。

天后陰日乘申。陽日乘酉。主淫亂。

天后臨子。名守閨。臨亥名治事。主動止咸宜。臨卯名臨門。臨酉名倚戶。主奸淫無度。

臨戌名褰幃。臨午名伏枕。主歎息呻吟。臨巳名裸體。臨辰名毀妝。主悲哭羞辱。臨寅名理髮。臨申名修容。主優遊閒暇。臨丑名偷窺。臨未名沐浴。主悚懼驚惶。（天后之類神）爲貴婦。爲妻。爲稻。爲豆。爲鼠。爲蝙蝠。於病爲痢。爲腰痛。於色爲黑。於數爲九。

按所謂類神者。比附而得之事物也。壬學中類神之說。諸家頗有異同出入。棼如亂絲。至爲難治。且事物紛繁。日新月異。全在識理既明。經驗既豐。想像而得也。如占投機物價之漲落。應以食糧爲太常之類神。蓋太常屬食物也。標金爲白虎之類神。白虎屬庚申金也。紗花爲青龍之類神。青龍屬甲寅木也。公債爲太歲之類神。太歲乃衆煞之主。猶如一國之政府。而公債屬政府之債劵也。凡新興事物。及前人所未述者。不勝枚舉。然皆可翻覆設想之。本節所云。略舉其例而已。

（十二支神）

（一）亥

（別名）登明。（五行）水神。（節氣）立冬。小雪。（月將）正月將。

（寄託）壬寄其上。木生其下。（音）角。（數）四。（味）鹹。（色）褐。（星）室壁。（宮）雙魚。

(分野)陝西。綏遠。蒙古。(位)西北。

(主事)禎祥徵召陰私汚穢等事。乘凶將。主爭訟。拘繫。沉溺。巳酉丑日占。主失物。

(類神)爲雨師。爲孫。爲舟子。爲私識婦。加四仲乘六合爲幼子。加子加酉爲醉人。乘玄武爲盜賊。

爲髮。爲腎。爲膀胱。爲頭風。爲顚狂。爲瘧痢。加日干爲頭。加巳爲壞頭面。陽日加申。陰日加未。爲足。加年命爲泄瀉。加子爲痰火。乘玄武爲眼目流淚。乘天后爲溺斃。乘螣蛇爲哀哭。乘貴人爲徵召。

爲庭院。爲園牆基。爲厩。爲倉庫。乘青龍爲樓。乘六合爲閣。加卯爲台。加戌爲廁。乘勾陳爲獄。乘太常爲廩。

爲圖畫。爲幞。爲帳。爲傘。爲笠。爲圓環。加巳爲管籥。爲野猪。爲熊。爲魚。爲鱉。爲稻。爲梅花。爲葫蘆。

爲酢醬。乘太常爲縠。加子爲麥。乘朱雀爲鹽。

爲姓楊、朱、魯、魏、于、房、壬、季、鄧、范、馮、點水之類。

（二）戌

（別名）河魁。（五行）土神。（節氣）寒露。霜降。（月將）二月將。

（寄託）辛寄其上。火墓其下。（音）商。（數）五。（味）甘。（色）黃。（星）奎婁。（宮）白羊。

（分野）甘肅。新疆。（位）西方偏北。

（主事）欺詐及奴婢逃亡等事。又主印綬。若發用。主舊事重新。又主破財聚衆。

（類神）爲陰。爲雲。爲奴。爲軍人。爲皂隸。爲獵人。爲僧道。爲小童。加子午爲舅翁。加申爲兵卒。乘朱雀爲洩吏。乘天后爲長者。乘白虎剋日。爲盜賊。乘玄武爲乞丐。乘勾陳爲聚衆。

爲脾。爲命門。爲膝。爲足。爲胸脇。爲腹痛。爲脾洩。爲夢魂顛倒。加年命爲足疾。乘天空爲行步艱難。

爲城郭。爲土岡。爲營寨。爲廊廡。爲虛堂。爲僕室。爲浴室。爲牢獄。加四季。爲牆垣。乘蛇加巳午爲窰冶。乘白虎爲墳墓。乘玄武加寅爲坑廁。甲日加寅爲牆倒。

爲山狗。爲狼。爲豺。爲五穀。爲麻。爲豆。爲蠶絲。爲禮服。爲印。爲鞋。爲軍器。爲鋤。爲鎖鑰。爲碓磨。爲瓦器。乘太常爲印綬。乘玄武爲枷。乘勾陳加申酉爲石。爲姓魏、王、魯、徐、倪、婁、土旁。足旁之類。

（三）酉

（別名）從魁。（五行）金神。（節氣）白露。秋分。（月將）三月將。（音）羽。（數）六。（味）辛。（色）白。（星）胃昴畢。（宮）金牛。（分野）四川。川邊。青海。（位）正西。（主事）陰私解散賞賜等事。又主金錢奴婢信息。

（類神）加子爲霖雨。加戌爲霜。巳午加之爲雪。加巳爲海。加子爲江。乘玄武爲水邊。爲婢。爲姊。爲少女。爲外妾。爲酒人。爲賭徒。爲金銀匠人。爲膠漆工人。加子丑爲老婢。乘天空爲小婢。乘青龍爲妾。乘太常加卯爲樂伎。乘六合加寅申爲尼。乘白虎臨四孟。爲邊兵。

爲肺爲肝膽。爲小腸。爲耳目口鼻。爲皮毛。爲精血。爲音聲。爲咳嗽勞傷。乘蛇雀爲目疾。丙丁日干加之。爲赤眼。加行年。刑本命。爲刀傷。乘太陰。爲脾肺傷損。

爲塔。爲山岡。爲街巷。爲倉廩。爲門戶。爲酒坊。爲石穴。爲碑碣。爲碓磨。爲金銀首飾。爲珍珠。爲銅鏡。乘龍虎旺相爲金玉。囚死爲小刀。丙丁日乘太陰爲錢。甲乙日乘白虎爲孝服。

爲小麥。爲酒漿。爲菜蔬。爲薑蒜。爲鳥。爲鴨。爲鵝。爲雉。

爲夫妻不和。乘天后爲私通。乘貴人爲賞賜。乘勾陳爲解散。乘朱雀爲喧聒。

爲姓趙、金、樂、石、劉、閔、鄭、程、呂、金旁、立人、之類。

（四）申

（別名）傳送。（五行）金神。（節氣）立秋。處暑。（月將）四月將。

（寄託）庚寄其上。水生其下。（音）徵。（數）七。（味）辛。（色）栗。（星）觜參。（宮）陰陽。

（分野）雲南。西藏。（位）西南。

（主事）道路疾病音耗等事。

（類神）爲行人。爲公人。爲兵卒。爲郵使。爲金石匠。爲商賈。爲屠戶。爲醫。（一說乘六合。）爲巫。爲獵人。（一說乘白虎。）乘太常爲僧。

爲肺。爲肝膽。爲大腸。爲筋爲骨。爲心胸。爲脈絡。爲音聲。爲缺脣。爲墮胎。乘白虎爲瘡腫骨痛。

爲城。爲神祠。爲郵亭。爲馬舍。爲道路。爲陵寢。爲廊。乘天后爲湖。或爲池。

爲猿。爲猩猩。爲大麥。爲絹帛。爲絮。爲羽毛。爲藥物。爲金銀。爲刀。爲劍。乘白虎爲兵器。乘天空爲碓磨。爲疾病。爲饋送。爲陞遷。爲驛遞。爲死屍。爲靈柩。乘玄武加亥。爲失脫。乘勾陳爲攻刼。乘騰蛇。爲喪孝。加亥尅日爲水厄。

爲姓袁、郭、申、晉、侯、韓、鄧、金旁。走之。之類。

（五）未

（別名）小吉。（五行）土神。（節氣）小暑。大暑。（月將）五月將。

（寄託）丁寄其上。木墓其下。（音）徵。（數）八。（味）甘。（色）黃。（星）井鬼。（宮）巨蟹。

（分野）廣西。貴州。（位）西南偏南。

（主事）酒食婚姻祀祭等事。

（類神）爲風伯。爲父母。爲妹。爲寡婦。爲道士。爲酒師。爲帽匠。爲熟識人。爲賓客。加亥爲繼父。加酉爲繼母。乘太陰爲姨。亦爲小姑。乘天后爲舅姑。加未爲醉人。加寅爲壻。

加酉丑爲老人。爲脾。爲胃。爲肩背。爲脊梁。爲腹。爲口。爲脣。爲齒。爲傷食。爲翻胃嘔逆。爲癆瘵。乘太常爲氣噎。

爲土塚。爲牆垣。爲井。爲茶肆。爲酒肆。乘天空爲井泉。加辰爲田園。加卯爲林木。乙日乘白虎。爲墳墓。

爲桑葉。爲木棉。爲小蔴。爲冠裳。爲印信。爲笙歌。爲醫藥。爲酒食。爲簾。加子爲醬。

爲慶賀。爲宴會。壬癸日乘雀勾爲爭訟。乘青龍爲徵召。乘朱雀加亥子爲蝗蟲。辛巳日乘白虎爲大風。

爲姓朱、秦、高、張、章、羊、杜、井、魏、楊、羊旁、土旁、之類。

(六)午

(別名)勝光。(五行)火神。(節氣)芒種。穀雨。(月將)六月將。(音)宮。(數)九。

(味)苦。(色)赤。(星)柳星張。(宮)獅子。(分野)湖南。廣東。(位)正南。

(主事)主文書官事。

(類神)爲霞。爲晴。爲婦女。爲蠶姑。爲旅客。爲軍官。爲騎兵。爲女巫。爲鐵匠。爲伴侶。乘天后爲宮女。乘青龍爲使君。乘貴人爲善人。乘勾陳爲亭長。乘太陰爲妾。爲心。爲口。爲舌。爲營衞。爲神氣。乘玄武爲目。加亥爲心痛。乘螣蛇爲驚恐。加子爲疝氣。加卯酉爲目疾。乘朱雀爲傷風。下痢。

爲宮室。爲城門。爲堂。爲窰冶。爲山林。爲田宅。乘白虎爲道路。乘太常加申酉爲廚房。爲火燭。爲旌旗。爲絲繡。爲書畫。爲蒸籠。爲衣架。爲爐。爲櫃。乘常合爲衣物。亦爲帳被。

爲獐。爲鹿。爲絲。爲綿。爲黍稷。爲紅豆。加卯爲小豆。亦爲禾黍。爲文書。爲信息。爲光彩。爲火怪。爲詞訟。乘朱雀爲誠信。乘六合爲通語。加申爲咒詛。乘白虎爲道路。亦爲刀兵。

爲姓蕭、張、李、許、周、馬、朱、柳、狄、馮、馬旁、火旁、之類。

（七）巳

（別名）太乙。（五行）火神。（節氣）立夏。小滿。（月將）七月將。

（寄託）戊寄其上。金生其下。（音）角。（數）四。（味）苦。（色）紫。（星）翼軫。（宮）雙女。

（分野）江西。福建。（位）東西。

（主事）爭鬭。口舌。驚恐。怪異。等事。

（類神）爲虹霞。（冬至後爲雪）爲長女。爲朋友。爲主婦。爲畫師。爲術士。爲廚夫。爲罏工。爲騎卒。爲手藝人。乘太陰爲娼婦。辛日乘螣蛇。爲弔客。加辰戌。爲囚徒。爲心。爲三焦。爲咽喉。爲頭面。爲齒。爲股。爲小腸。爲胃。爲雀斑。爲齒痛。爲吐血。乘太陰爲口瘡。乘螣蛇。爲頭面疼痛。

爲竅。爲竈。爲爐。爲篚筐。爲磁器。爲磚瓦。爲弓弩。爲樂器。爲車騎。爲布帛。爲花果。加申爲釜。加酉爲罌。戊日乘勾陳爲管籥。加未爲竈畔有井。未加之爲井旁有竈。

爲飛鳥。爲蜥蜴。爲蚯蚓。爲蟮。爲飛虫。

爲黍稷。爲紅豆。爲長綠樹。乘六合爲鳴蟬。

爲文學。爲取索。爲孕。乘螣蛇加辰爲雙胎。尅日辰爲罵詈。加酉或酉加之。爲徒配。乘白虎尅日辰。爲外服。

爲姓陳、石、趙、田、張、荊、余、朱、郝、楚、杞、耿、龔、紀、火旁、走之、之類。

(八)辰

(別名)天罡。(五行)土神。(節氣)清明。穀雨。(月將)八月將。

(寄託)乙寄其上。水土墓其下。(音)商。(數)五。(味)甘。(色)黃。(星)角亢。(宮)天秤。(分野)浙江。安徽。(位)東南偏東。

(主事)爭鬬。詞訟。死喪。田宅等事。

(類神)爲霧。加陽支爲晴。加陰支爲雨。

爲獄神。爲軍人。爲兇徒。爲皂隸。爲漁夫。乘玄武加子爲強盜。乘白虎爲屠人。加巳午爲老人。

爲脾。爲肝。爲肩。爲項。爲皮膚。爲頂門。爲風癱。爲癰腫。爲偏首。乘勾陳爲咽喉腫塞。

爲岡嶺。爲荒塚。爲池沼。爲寺觀。爲廊廡。爲祠堂。爲溝瀆。爲石欄。爲田園。爲牆垣。

爲井泉。乘天后加亥爲海水。乘玄武加巳爲井。乘天空爲山坡。

爲甲胄。爲缸甕。爲磚瓦。爲破衣。爲羅箔。爲簿書。爲死屍。爲魚。爲五穀。爲麻。乘螣蛇爲網罟。加亥乘青龍爲蛟龍。

爲頑惡。爲堅硬。乘天空爲欺詐。乘勾陳爲戰鬬。乘玄武爲妖邪。乘六合爲宰殺。加日辰爲驚悸。乘天后爲娠妊。乘蛇虎尅日爲自縊。

爲姓馬、郭、喬、鄭、邱、岳、龍、陳、田、龐、周。土旁之類。

(九)卯

(別名)太衝。(五行)木神。(節氣)驚蟄。春分。(月將)九月將。(音)羽。(數)六。(味)酸。(色)青。(星)氐房心。(宮)天蝎。(分野)江蘇。山東。(位)正東。

(主事)驛郵舟車林木等事。

(類神)爲雷震。巳日乘青龍爲雨。

爲長子。爲經紀人。爲盜賊。乘貴人爲術士。乘勾空爲沙門。加未爲兄弟。加巳午爲匠人。

爲肝。爲大腸。爲手。爲背。爲筋。爲目眥。爲膏肓病。爲胸脇多風 。乘六合 。爲骨肉酸痛。加卯或卯加 。爲目疾。春日乘天后加子。爲疫病。

爲池。爲澤。爲大林。爲竹叢。爲舟車。加辰爲橋梁。乘螣蛇爲水。乘白虎爲陸。

爲窗牖。爲前門。爲梯。爲衣架。爲園。爲水徑。爲門戶。爲棺。爲梳。爲牀。爲旛竿。爲香盒。爲簣。爲鼓笛。爲俎。爲箱。爲牌坊。爲轎。加申酉爲木器。加丑未爲竹器。乘天后加子爲水車。乘青龍爲竹捧。

爲狐。爲貉。爲羝羊。爲驢。爲晚禾。爲瓜果。乘螣蛇加巳午爲騾。

爲姓朱、房、魯、楊、張、盧、高、劉、雷、宋、柳、茆、季、李、鍾、藺、木旁、草頭、之類。

（十）寅

（別名）功曹。（五行）木神。（節氣）立春。雨水。（月將）十月將。

（寄託）甲寄其上。火生其下。（音）徵。（數）七。（味）酸。（色）碧。（星）尾箕。（宮）天馬。

（分野）奉天。吉林。黑龍江。（位）東北。

（主事）木器。文書。婚姻。財帛。官吏等事。

（類神）爲風伯。乘白虎加申。爲大風。

爲督郵。爲賓客。爲家長。爲夫壻。乘龍合爲秀才。加申爲道士。乘朱雀加申戌爲胥吏。乘天后加未爲醫。

爲肝。爲膽。爲手。爲筋。爲脈。爲髮。爲口。爲眼。爲三焦。爲目痛。爲肝胃痛。

爲道路。爲公衙。爲寺廟。爲叢林。爲曲堤。爲書室。爲前廊。爲賣酒家。加辰戌爲獄。

爲花草。爲屏風。爲機杼。爲棺槨。爲禪椅。爲木器。爲文書。乘天空爲棒杖。加午或午加之。爲棟柱。乘朱雀爲火炬。乘玄武爲雜色班文。

爲豹。爲貓。爲旱禾。爲瓜果。乘六合。壬癸日爲叢木。丙丁日爲柴薪。

爲謁見。爲陞遷。乘朱雀爲誠信。乘貴人爲徵召。乘太常爲書籍。加卯爲文章。乘螣蛇加午爲五色。加巳亥爲迷路。

爲姓韓、蘇、曾、喬、林、霍、杜、程、朱、木旁、山頭、之類。

(十二)丑

(別名)大吉。(五行)土神。(節氣)小寒。大寒(月將)十一月將。

(寄託)癸寄其上。金墓其下。(音)徵。(數)八。(味)甘。(色)黃。(星)斗牛。(宮)磨蝎。

(分野)直隸。熱河。(位)北方偏東。

（主事）田宅。園圃。爭鬥。等事。又主財帛燕喜。

（類神）爲雨師。乘白虎爲風伯。加卯爲先雨後雷。卯加之。爲先雷後雨。爲神佛。爲僧。爲尼。爲賢者。爲旅客。爲軍官。爲巫。爲農夫。加太歲。爲宰執。乘勾陳爲將軍。亦爲兵卒。乘貴人爲長者。乘天空爲侏儒。爲脾。爲腎。爲小腸。爲腹。爲足。爲肩背。爲耳。爲禿髮。爲病目。爲腹病。爲脾病。爲氣喘。乘貴人爲腰腿痿痺。加亥或亥加之。爲腸泄。爲墓。爲田。爲社壇。爲倉庫。爲廚牆。爲桑園。爲廚房。辛酉日乘青龍爲橋梁。（一說加亥。）加申爲僧舍（一說爲傳舍。）加巳或巳加之。爲土坑。乘六合爲道院。乘貴人加寅爲宮殿。乘太常爲田宅。己日加戌爲土地。爲秤。爲斗斛。爲鞋。爲食物。乘貴人旺相爲珍珠。加未爲不完物。乘天空爲罐。加卯酉爲缸。乘太常爲甜物。卯日爲車橋。爲龜。爲蜈蚣。爲大麻。爲黃豆。爲野菜。加子爲鱉。（一說乘蛇空。）爲咒詛。乘朱雀加寅爲文書。丙日乘朱雀爲舉薦。

爲姓田、孫、邱、牛、吳、趙、楊、杜、董、岳、王、黃、汪、土旁、之類。

(十二)子

(別名)神后。(五行)水神。(節氣)大雪。冬至。(音)宮。(數)九。(味)鹹。(色)黑。

(星)女虛危。(宮)寶瓶。(野分)山西。察哈爾。(位)正北。

(主事)陰私暗昧婦女等事。

(類神)爲雲。爲雨水。爲天河。子日乘龍玄。爲大雨。加酉爲天陰。冬至後加巳午爲雪。爲妻。爲媳。爲女。爲漁夫。爲淫女。爲乳媼。爲舟子。爲屠夫。乘天后爲幼女。加亥爲小孩。加未丑爲老婦。加日辰爲舅姑。乘太陰爲婢妾。亦爲妯娌。加酉爲孀婦。(一說酉加之。)乘白虎加辰。爲軍婦。勾陳爲橐駝。乘玄武爲盜賊。乘太常爲娼婦。爲腎。爲膀胱。爲月經。爲腰。爲傷風。爲腎竭。爲痢。乘天后爲血崩。爲白虎。剋日爲血疾。爲江湖。爲溝渠。爲水泊。爲臥室。爲冰物。爲石灰。爲籠。爲匣。乘玄武加亥爲糖。加辰戌爲瓦。乘天后加寅卯爲布帛。(一說乘六合加日辰。)加日辰爲瓶蓋。乘螣蛇爲浴盆。爲蝙蝠。爲燕窩。爲魚鮮。爲黑豆。爲菱芡。

爲胎產。爲淫亂。乘六合爲奸邪。乘青龍爲亡遺。乘天空爲哀聲。(一說加巳。)爲姓孫、齊、謝、耿、聶、沐、漆、汪、任、姜、孔、陳、傅、馮、水旁、走曲、之類。

按辰戌丑未。位兼中央。以分野論之。可兼河南湖北。

課體

(元首課)統乾之體。元亨利貞之象。婚姻和諧。謀爲順利。孕育生男。兵訟客勝。官職陞擢。經商獲利。此課大體雖吉。然或得凶神惡將。三傳不順。反主下順上而上不從。又或上乘休囚死氣。下卻旺相德合。反主上雖制下。而下不受制。卽不能以吉課論矣。

(重審課)統坤之體。柔順利貞之象。事宜後起。禍從內生。用兵主勝。受孕女形。諸般謀望。先難後成。貴人順布者吉。貴人逆布者凶。初傳墓絕。末傳生旺者吉。初傳生旺。末傳墓絕者凶。(生旺墓絕。均指日干而言。)末傳尅初傳者吉。初傳尅末傳者凶。末傳如乘天月德等吉神。自可化凶爲吉也。

(知一課)統比之體。去讒任賢之象。事起同類。禍從外來。失物尋人俱在鄰近。兵訟宜和。凡事狐疑不決。此課大體舍遠就近。舍疏就親。爲恩中有害之象。

（涉害課）統坎之體。苦盡甘來之象。風波險惡。度涉艱難。謀爲名利。多費機關。婚姻有阻。疾病難安。胎孕遲滯。行人未還。受尅深。災深難解。受尅淺。災淺易解。事雖難而終成。又上尅下憂輕。下賊上憂重。神將吉憂輕。神將凶憂重。

（見機格）利涉大川。有孚貞吉。動作見機。不俟終日。名利難遂。胎孕未實。疑事急考。猶豫有失。神將吉則斷爲吉。神將凶則斷爲凶。若魁罡加日辰。主官事將起。

（察微格）笑中有刀。蜜中有砒。人情陰險。須察其微。若魁罡加日辰。主孕婦難產。

（綴瑕格）兩雄交爭。經延歲月。人衆牽連。災耗不絕。君子宜親。小人當黜。胎孕逾期。

行人無息。若月建吉神入傳。日辰有氣。事雖延滯。可望有成。

（遙尅課）統睽之體。狐假虎威之象。

（蒿矢格）始有凶勢。久而漸休。憂喜未實。文書虛謀。凡事憂在西南。喜在西北。利主不利客。利小不利大。神將凶。日辰無氣。主盜賊陰謀。神將吉。日辰有氣。則干貴有喜。行人來。訪人見。

（彈射格）用兵客利。事宜後爲。訪人不見。行人未歸。空亡發用。動作尤虛。如神將凶。

帶刑害。貴人逆布。則主親朋和悅。吉象。

（昴星課）統屣之體。虎狼當道之象。

（虎視格）關梁閉塞。津渡稽留。禍從外起。守靜無憂。此課如日辰用神囚死。罡乘死炁。蛇虎入傳。大凶。病者死。訟者入獄。若日用旺相則滅凶。

（冬蛇掩目格）進退失據。暗昧不明。訪人不見。作事難成。行人淹滯。逃亡隱形。此課如螣蛇入傳。主多怪夢。申加卯爲車輪倒斲。傳中見玄武。甚凶。惟午加卯爲明堂。主萬事昌隆。縱遇衰敗凶神。亦能化凶爲吉。

（別責課）卦體不明。逡巡不進之象。謀爲欠正。財物不全。臨兵選將。欲渡尋船。求婚另娶。胎孕多延。此課主凡事倚仗他人。借徑而行。吉凶不能自主。若占家庭事。主閨房淫亂。

（八專課）統同人之體。協力同心之象。二人同心。其利斷金。將兵多勝。失物內尋。陽日爲尊長欺卑幼。主事超進迅速。陰日爲妻奴背夫主。主事退縮遲緩。占婚姻及進人口。主口舌分離。占憂喜事俱重疊。若逢天乙龍常吉將。及天月二德。則主同人協力。衆手易舉。

（帷薄不修格）嫂通其叔。妹私其兄。家庭醜行。防範無從。

（獨足格）移動維艱。謀爲費力。遠行宜舟。占胎不吉。凡八專課。末傳遇空亡者。亦作獨足格斷。

（伏吟課）統艮之體。守舊待新之象。考試及第。求名榮歸。病憂土怪。爭訟田廬。春冬災淺。秋夏勢厄。律身謹愼。動作無虞。凡事主屈而不伸。靜中思動。

（自任格）任己剛暴。必成過愆。行人立至。逃亡眼前。胎孕聾啞。禍患流連。若發用旺相。傳中見驛馬。主待時而動。或不得已而動。亦動中有成。

（自信格）潛藏伏匿。身不自由。逃亡近覓。盜賊內搜。病者瘖啞。行人淹定。若日辰用神旺相。主不獲已而動。

（杜傳格）居者將移。合者將離。中道而廢。事宜改爲。尋求失物。不出庭除。如傳中見驛馬。則靜中有動。主有遠方信息到門。

（返吟課）統震之體。重重震驚之象。

（無依格）變遷無定。成敗難憑。此課大低主動。惟得失未有一定。有舊事復發之象。

（無親格）行人阻遏。盜賊相攻。內外多怪。上下不恭。旁求事就。直求道窮。凡事主速成易破●

陰神

凡神有陽必有陰。陽神顯而陰神隱。欲窮事之究竟。必須兼視陰神。十二天將。除貴人以晝夜互爲陰陽外。（卽晝占以夜貴爲陰神。夜占以晝貴爲陰神。）其他各以所乘神之上神爲陰神。（列加甲子日丑時酉將。騰蛇乘申臨子。視地盤申上得辰。辰卽騰蛇之陰神也。乙卯日子時亥將。白虎乘丑臨寅。視地盤丑上得子。子卽白虎之陰神也。）占盜賊視玄武陰神。若上下比和。卽可斷其所匿之處。占疾病。視白虎陰神。若尅日辰年命。主其病不救。占詞訟視勾陳陰神。若乘凶將尅日。必遭刑責。

遁干

壬學中四課三傳。皆支神出現。支常靜而不動。遁干則運此移彼。變動無方。禍福潛伏其中。最宜參看。例如發用雖非鬼。若其遁干尅日。則以鬼論矣。發用雖非財。若其遁干爲日所尅。則以財論矣。

克應

課式之吉凶既定。則當查其應驗之時期。壬學上謂之克應。太歲發用。應在本年之內。月建發用。應在本月之內。月將發用。應在月將管事之內。（如亥將發用。應雨水後。春分前。戌將發用。應在春分後。穀雨前。餘類推。）四立發用。應在本季之內。（四立者。立春。立夏。立秋。立冬。四日之支也。如甲子日立春。春季占得發用爲子。應在正二三月之內。）二十四氣發用。應在本氣之內。旬首發用。應在本旬之內。七十二候發用。（每一氣。分三候。一候爲五日。）應在本候之內。本日之支發用。應在當日。占時發用。應在當時。如歲月氣候日時均不見發用者。當從本日之支。次第推之。如丑日用寅。應在第二日。用卯。應在第三日。用辰。應在第四日。出四位。則不取矣。須視地盤太歲上之神。以定其月。如子年占。巳加子應在四月。以四月建巳故也。酉加子。應在八月。以八月建酉故也。太歲在中傳。爲去年事。在末傳爲二三年前之事。中末傳見月建。亦然。又旺氣發用。爲現在事。相氣發用。爲未來事。休囚等氣發用。爲過去事。亦宜兼參也。

此外關於克應之說。尙多。有以日干所生爲吉事之應期。日干所尅。爲凶事之應期者。有以初傳所合爲成事之應期．末傳所神。爲散事之應期者。有以發用之絕神墓神爲應期者。（陽日發用取絕。陰日發用取墓。）又有以末傳合神之下神。爲吉事之結期者。各持一說。均含至理。總在臨時觸機。擇其與事實相近者而定之。斯庶幾矣。至占行人。如課傳中已見歸象。則以初傳墓上之神爲歸期。此又諸家所一致主張者也。

德

德有天德。月德。日德。支德。四種。而以日德爲最吉。臨日入傳。能轉禍爲福。宜旺相。不宜休囚。忌逢空落空。及神將外戰。

第一課上尅下發用。爲德。仍作德斷。不可作鬼斷。蓋德能化鬼爲吉也。

下賊上發用爲德。得貴人生扶。（如乙未日酉時亥將占。第二課申加午發用。申爲日德。受制於午上。乘貴人丑上。能生申金。）仍作全吉斷。若無生扶。又見尅洩。（洩卽脫也。）主喜中有憂。

德臨日干又作貴人。主有意外之喜。惟不宜占病訟。

德臨死絕之地。又値凶神。減力十之七。

日德發用。上下神同剋日干。（如乙酉日卯時寅將。申加酉發用。申爲日德。上下神申酉同剋日干。申爲酉挾。化德爲鬼。）名鬼德格。主邪正同途。

日德發用作日官。（卽官鬼之官。）又乘朱雀。（如己巳日申時亥將。寅加巳發用。寅爲日德。乘朱雀）名文德格。主應舉得官。在官得薦。

祿

祿。卽日祿也。臨日入傳均吉。宜旺相。不宜休囚。

祿。主食祿事。祿所臨之處。卽爲食祿之方。

祿臨支。馬臨干。爲眞富貴課。仕宦占得。主加官添俸。平民占得。反凶。主身移宅動。占病訟亦凶。

祿臨支。占求官爲暫攝之象。不能久於其位。

祿若逢空或落空。不論入傳不入傳。占病必死。

驛馬

驛馬。有年月日時四種。普通所乘之馬。係指日驛馬而言。

仕宦占遇馬。主升擢。平民占遇馬。主奔波。

馬與祿會。尤吉。忌互空落空。

馬臨長生或落空亡。占行人必不歸。

丁

丁卽旬丁。性質與馬相類。亦爲發動之象。丁與馬會。發動尤速。

金日（卽庚辛日）遇丁入傳。殃禍立至。水日（卽壬癸日）遇丁入傳。財氣大來。占捕盜遇盜神乘丁神。必不能獲。

鬼

鬼卽官鬼之鬼。傳中多鬼。事事不美。主公訟是非。神祇妖祟。

鬼入傳。若日干旺相。及傳中命上見子孫爻。亦不爲凶。

占病訟忌鬼入傳。或臨日。見子孫爻爲救神。減凶。

占盜。遇鬼入傳有冲。或與盜神。（盜神卽玄武之陰神。）相冲。其盜自敗。若逢空落空。則難捕獲。

干上鬼發用。事多不美。若見德合。猶可望事求官。
傳鬼帶合。又尅日上神。凡事主反覆進退而後成。
鬼宜衰敗。不宜生旺。發用爲鬼。又臨尅日之鄉。（如庚辰日午加巳發用之類。）名攢眉格。主有兩重不美。即遇救神。惟解其一。辰上神發用爲鬼。防家人暗算。
鬼多而有制。不爲凶。占事雖先値驚危。終乃無恐。惟白虎發用。則大忌。須年命上有制虎之神。始可解。
日上神發用爲鬼。得支上神救者。主事自外來。須家內人解救。發用爲鬼。生末傳。末傳又爲日干之長生。名鬼脫生格。主先凶後吉
三傳合局。局化爲鬼。返生日上神。以生日。（如庚午日。日上神爲辰。三傳戌午寅火局。爲鬼。生起辰土。辰土生日干庚金。）主返凶爲吉。
鬼雖入傳。若日上神爲貴人。兼日德。名貴德臨身。可以制鬼。
仕宦以鬼爲官星。忌逢空落空。鬼乘白虎。名 官使者。臨日或發用。爲立即赴任之象。占疾病則大忌。遇之必死。

墓

墓入傳。臨日主。一切閉塞暗昧。壅蔽不通

辰未爲日墓。丑戌爲夜墓。日墓剛速。夜墓柔遲。夜墓臨日。自暗投明。諸事尚有解救。日墓臨夜。自明投暗。一切愈見模糊。

發用爲墓。宜日干旺相。否則占病防死。中傳見墓。占訟防屈。百事不順。進退有咎。末傳見墓。百事無成就。

墓逢冲則吉。逢合則凶。若年命上神能尅制之。亦可解救。

初傳生旺。末傳爲墓。成而後敗。初傳爲墓。末傳生旺。敗而復成。。長生坐墓。（如甲日亥加未之類。因甲日長生在亥。墓在未故也。）謂之自生入墓。如人墮井中。呼天不應。若發用或臨日。尤凶。占病必死。占賊難獲。占行人不來。

長生乘墓。（甲日未加亥之類。）主新事無成。舊事再發。

日上神爲墓。謂之墓神覆日。主昏晦不明。

干支乘墓。主人宅各欠亨通。干支坐墓。主人宅自招禍患。

空

空即旬空。消極事宜空。積極事不宜空。

日上神爲空。且乘天空。占事全無實象。

占仕宦。忌官鬼爻空。

占父母病。忌父母爻空。餘可類推。

日辰上神俱値空亡。宜解散。不宜謀爲。占病。久病者死。新病者愈。

凶神宜空。空則不凶。吉神不宜空。空則不吉。

合

合有三合。干合。六合。三種。三合者。五行合也。干合者。與日干相合也。六合者。與日支相合也。六壬除日干外。皆用地支。故以三合六合爲主。干合則爲遁干與日干之合。不甚重要也。

三　入傳。主事關牽連。必過月方能了結。又爲親識朋友衆多之象。

三合入傳。缺一神。爲折腰格。亦名虛一待用格。占事必待缺神值　。方能成就。若所缺之神。有日辰湊足之。爲湊合格。主有意外和合之事。以所湊合之神決之。

日辰上下作三合。而日上神尅辰。辰上神尅日。（如甲子日第一課戌甲。第三課申子。日上下戌寅。辰上下申子。均爲三合。日上戌尅辰。辰上申尅日。）主外合中離。各懷猜忌。或爲挑撥。以致不和。

六合與德同入傳。百事皆吉。卽爲凶神。亦主凶中和合。

六合入傳。視其進退。傳進利進。傳退利退。

六合入傳。謀事皆成。但不能卽時了結。不宜占病占訟。

六合有刑害。雖乘吉將。其力亦減。但可宛轉小用。

六合逢空落空。又見刑害。主和中藏禍。有德可解。

六合尅日。或乘蛇雀虎等凶將。主合中有害。不可託人謀幹。

天后與神后作合。占婚姻立成。

寅合亥。爲破合。巳合申。爲刑合。均主合而不合。成而不成。謀爲費力。然終有濟。日辰相合。日辰上神亦相合。（如乙酉日第一課戌乙。第三課卯酉之類。）名同心格。主一切謀望。皆能同心合力。若見刑害。又主同心之中。暗生妬忌。日辰相害。日辰上神相合。又相破。（如壬申日第一課寅壬。第三課亥申之類。）主外面假意相助。心中百般暗毒。若合而不破。僅主貌合神離。無大危險。如値空亡。則其凶與破等。

凡日干與支上神相合。支辰與干上神相合。名交叉格。主交易交換之事。大抵利合謀。不利解散。此例除甲寅。丁未。己未。庚申。癸丑。五日干支同位。不能交叉相合外。餘則一日一課。有十種分別。占事各隨所宜。列舉於左。

（一）長生合　干上神與支合。又爲支之長生。支上神與干合。又爲干之長生（如甲申日第一課。巳甲。第三課亥申之類。）是名長生合。宜合本營謀。

（二）財合　干上神與支合。又爲支之財。支上財與干合。又爲干之財。（如辛丑日第一課子辛。第三課卯丑之類。）是名財合。宜交涉。

（三）脫合　干上神與支合而脫支。支上神與干合而脫干。是名脫合。不宜交涉。主彼此各懷相脫之意。（如戊辰日第一課酉戊。第三課申辰之類。）

（四）害合　干上神與支合。而害干。支上神與干合而害支。（如丁丑日第一課子丁。第三課

午丑之類。）是名害合。主　此合謀。暗中相害

（五）空合　干上神爲旬空。與支合。支上神爲旬空。與干合。（如辛亥日第一課寅辛。第三課卯亥之類。）是名空合。主先好後惡。有始無終。

（六）刑合　干上神刑干。與支合。支上神刑支。與干合。（如癸卯日第一課戌癸。第三課子卯之類。）是名刑合。主和美中生出爭競。

（七）冲合　干上神與支合。支上神與干合。而干支　干支上神各相冲。（如甲申日第一課巳甲。第三課亥申之類。）是名冲合。主先合後離。

（八）尅合　干上神尅支。與支合。支神上尅干。與干合。（如庚子日第一課丑庚。第三課巳子之類。）是名尅合。主交涉中生出爭訟。或匿怨相交。笑裏藏刀。

（九）三交合　干上神與支合。支上神與干合。而干支之上下神爲同類。（即同爲孟神。或同爲仲神季神。如己酉日第一課辰己。第三課午酉之類。）是名三交合。主和合中有奸私。或生出二三種交涉。

（十）交會合　干上神與支合。支上神與干合。而三傳又爲三合。（如乙丑日第一課子乙。第

三課酉丑。三傳巳酉丑之類。）是名交會合。主合作成就。且有外人相助。惟忌空亡。

刑

自刑主自逞自作而自敗。事非順成。死非正命。

互刑主無禮無義。大蕩小淫。子刑卯。門戶不正。尊卑不睦。卯刑子 子息不育。水陸不通。

朋刑主無情無恩。威凌勢挾。寅刑巳。刑中有害。舉動艱難。災訟駢至。丑刑戌。刑中有鬼。貴賤相侮。病獄交臻。巳刑申。戌刑未。刑中有破。長幼不和。家道零落。發用爲刑。必見刑傷。刑干憂男。刑支憂女。刑時憂事。

時刑日。憂小人。日刑時。憂君子。

旺刑衰。則福過。衰刑旺。則禍起。

發用刑月建。不可涉訟。刑日陰。（卽日之陰神、）不可遠行。刑干支。諸事不安。刑干應在外。速。刑支應在內。遲。

上下相刑發用。又爲鬼。主反覆乖戾。公私兩憂。

冲

沖爲反覆不甯之象。沖日。主身有攸往。沖辰。主宅有動移。子午相沖。謀爲變遷。舉動乖異。卯酉相沖。分離失脫。更改門戶。寅申相沖。邪鬼作祟。夫婦異心。巳亥相沖。順去逆來。重求輕得。丑未相沖。弟兄不睦。謀望無成。辰戌相沖。悲喜不明。奴婢逃亡。太歲月建皆不宜沖。沖歲。歲中不足。沖月。月中不足。吉神不宜沖。沖則不吉。凶神宜沖。沖則不凶。

破

破。臨日入傳。宜散凶事。不宜成吉事。

日破或支破發用。主事多中輟。有更易。一切難望完全。

午卯相破。主門戶破敗。辰丑相破。主牆墓頹圮。酉子相破。主陰小災晦。戌未相破。破中有刑。主人物刑傷。亥寅相破。申巳相破。均破中有合。主敗而復成。

凡破沖。主人情暗中不順。占婚雖強成。難久。占產。雖胎動。難生。若逢吉神。主歷盡艱難而後成。若逢空落空。則有聲無形。

害

害。臨日入傳。主事多阻隔。

子加未。主事無終始。官非口舌。未加子。主營謀阻滯。暗裏生災。丑加午。主公訟不利。

夫妻不和。午加丑。主事不分明。終難成就。寅加巳。主出行改動。退利進阻。巳加寅。主謀事阻難。口舌憂疑。卯加辰。主有事虛爭。人情反覆。酉加卯。主求謀多阻。幹事無終。

酉加戌。主門戶損傷。陰小災疾。戌加酉。主暗中不美。奴婢邪謀。申加亥。主先阻後得。

事必有終。亥加申。主圖謀未遂。事必無終。害爲和氣乖違之象。只宜守舊。動即有失。

占卜講義　卷三

嘉興韋千里編

占斷下篇

占婚姻

（占男女）青龍。男也。夫也。天后。女也。妻也。日。陽也。支。陰也。女也。如青龍旺相。則男爲佳兒。天后旺相。則女爲佳婦。青龍之陽神。上乘貴人。則男爲貴客。（如申將卯時。庚申日占。青龍乘申。而龍之陽神乃在申。申上乘丑。丑爲貴人。是龍化爲貴矣。）天后之陰神。上乘太常。則爲貴婦。（如申將巳時。丁酉日占。后乘子。后之陰神乃在子。子上乘卯。卯爲太常。爲后化常矣。）青龍所乘之神。生后。或與后比和。則男益乎女。天后所乘之神。生龍或龍比和。則女助乎男。此以龍后而占男女之何如也。日上神旺相。則男吉。辰上神旺相。則女吉。日上神乘貴人。則男貴。辰上神乘太常。則女貴。日上神生辰上神或比和。則男與女相得。辰上神生日上神。或比和。則女與男相得。日之陰神旺相。則男家富。辰之陰神旺相。則女家富。

若龍后所乘之神。刑沖尅害而不相合。或落空亡而見孤寡。日辰上之神。刑沖破害而不相合。或落空亡。而乘惡神。兼之龍所乘神尅后。與日上神尅辰者。則爲妬婦之男。后所乘之神尅龍。與辰上神尅日者。則爲損夫之婦。

（占成否）日上辰上神比和。而三傳三合。（申子辰類。）六合。（子與丑合之類。）德合。（甲德在寅。發用爲亥之類。）者。龍后所乘之神。與日上辰上之神。而無刑沖破害者。（男占重辰上。女占重日上。）六合所乘之神。與龍后所乘之神。比和而無刑沖破害者。（合媒也。男占重后。女占重龍。）發用龍合乘卯寅者。發用子加丑。乘太常者。三傳比和相生乘吉將。而非空亡刑害者。（初男末女、中媒。欲其相和相生也、）三傳見成神。又乘龍合常后者。（課傳俱吉。）皆婚姻成就之占也。而成就之時期。遠者男以龍之陰神爲成年。女以后之陰神爲成年也。近者。視龍后之陰神。而定其月日。至占結婚之日。則大吉（即丑）所臨之辰。是其期矣。

若日上辰上刑沖破害而不相合者。龍后六合所乘之神。與辰日刑沖破害者。干支上下之神相尅。或日上神尅支上神。支上神尅日上神者。三傳相刑而白虎發用者。天空空亡發用者。日干尅天后。或天后尅日干者。（以天后所乘神論。日尅后。女不肯。后尅日。男不肯。）日生三傳。后合不見者。男女行年上神刑冲破害相尅者。課傳不甚吉。而斗罡加孟者。男家占而日財空亡。女家占而日官空亡者。（男以日財爲妻。女以日官爲夫。）皆婚姻不成之占也。

（占擇婦）第一當占女之邪正。如四課俱全。辰上神旺相。三傳吉神良將者 正 四課陰不備。傳見六合乘亥卯未酉。與天罡乘太陰者。女子命上神爲日之官。乘貴人太常與日德支德者。正。女子命上神爲神后。乘元陰與桃花煞者邪。第二當占女之情性。如女子命上神屬水。則智慧。若乘惡神。或下尅。則詭詐輕淫。屬火。則亢直。若乘惡神或下尅。則愚頑自用。若不知女子年命者。則以天后所臨地盤之神。照前例推之。第三當占女之妍醜。如四課支上神乘貴。則貴重美好。乘蛇。有病。面多紅色。乘雀。有目疾。（如雀在巳午能文。在亥子痲面。在寅卯申髮少。在四季則雀斑。）乘六合姣好。乘勾陳粗短。乘龍。美而清瘦。乘空。肥而醜。乘虎。醜而惡。乘常。好而能飲。乘元。黑而逸。乘陰后。俱美好。如支上神爲支之六害。必有殘疾。面目四肢。以類神决之。（如亥爲頭。戌爲足之類。）大抵妍者。天后神后入課而旺相也。醜者。發用子加巳。或加四季。與女子命上神。見魁罡也。第四當占女子有子與否。六合與命相生者。有子。六合與命相尅者。無子。三傳爲日之傷食者。有子。三傳爲日之父母者。無子。子臨命上則先女而後男。午臨命上。則先男而後女也。

（附占）日上神乘天后。支上神乘六合。是未娶而先通也。傳課循環六合三合。是因親而致親也。日臨辰上。男即女家也。辰臨日上。女即男家也。子加申。酉加寅。男有二婦。申加子。寅加戌。則女有二夫。巳亥相加發用。主兩心不定。六合乘神尅后。主張強横奪妻。更有聞嫁人之言。而未知其虛實。以六合所臨之神爲孟仲季觀之。臨孟實。仲半虛。臨季全虛。

占胎產

（占孕之有無）四課日辰上神相合。三傳旺相。而發用爲今日之子息者。虎后合入傳課。而加干支者。發用辰戌。乘后合者。胎神即長生等十二名詞之胎。乘生氣。發用臨日辰年命者。夫婦年上神爲三合。六合。德合。（如巳與申合。）更值天月二德與生氣者。二人行年上神見今日之子息。而無上下空亡六害者。太乙（即巳）臨婦人之行年。而乘六合者。則孕主有。

四課日辰上神刑沖。三傳休囚空亡而子息不見者。三傳丑亥酉者。夫婦行年上神相害。乘惡煞。而子息不見者。則孕主無。

若◦用寅未相加。乘蛇虎。作日鬼或天鬼。臨支尅日者。孕雖有而爲鬼者。若天后乘天罡加日辰。與子息爻乘元武大空。或三傳尅日。孕雖有而終墜也。

子息爻乘死氣空亡。與元胎課乘元虎蛇者。孕必死。巳亥日返吟。與子息又乘蛇勾。而非空亡六害者。孕易動。

（占孕之男女）男女之占。其法甚多。以理推之。悉皆虛謬。惟以孕婦行年上神決之。斯爲的確。年上神是陽。則孕男。（子午寅辰申戌）年上神是陰。則孕女。（丑未卯酉巳亥。）

如以課傳論。則有二說。課傳四上尅下者男。課傳四下賊上者女。課傳六陰者男。（陰極陽生。）課傳六陽者女。（陽極陰生。）三傳二陰一陽者男。二陽一陰者女。明白簡易。莫過於此。

如貴合龍常。課傳並見者。三傳生日者。日辰上下相生。旺相又得良將吉神者。太歲與日辰入傳相生者。青龍加占時發用者。則男女賢淑。

空勾元虎。課傳並見者。日生三傳者。日辰上下。刑沖破害。又得惡將凶神者。太歲與日辰不入傳。或入傳而相刑者。白虎加占時發用者。則男女不肖。

（占孕之生期）干上神脫支上神。或三傳脫支者。三傳逢空亡。及傳退者。（如戌亥子之類）發用子加戌。傳內白虎乘子息爻者。日辰入傳。而辰脫日者。（如丁酉日。干上未。三傳酉未丑之類。）天空乘日。日生三傳者。青龍乘酉而逢沖動者。則生期速而易。又天空乘日。日生三傳者。或青龍乘酉而逢沖動者。亦速而易。

干上神合支上神。或三傳合支者。三傳逢三合六合。及傳進者。（如亥子丑之類。）勾陳乘子息爻者。日入傳而辰合日者。課傳循環而不見刑沖空脫者。則生期緩而難。

月期。則以發用之三合爲定期。（如用亥。則卯未三合。爲誕生之月。）

日期。則以發用之刑沖爲定期。（如用子。則刑卯沖午。主卯午日生。）

時辰則以發用後之一辰爲定。（如發用是子。則亥時是也。）若天空白虎。乘日干。脫神發用。或今日辰脫今日干。一無羈絆者。（不見合。則無絆。）則主當日生。其生時則以今日之長生定。（若甲在亥之類。）

（占產　吉凶）日辰上神各旺相。相生。乘吉神者。（如龍合貴常。）日辰上神不相尅害者。或三傳遞生而不乘惡將者。婦人行年上旺相。末傳乘吉將而干上神亦吉者。凡此皆以吉斷。干上神尅支上神者。或六合所乘之神。尅天后所乘神者。或墓神覆支。而不見刑冲者。或三傳尅支。蛇虎入傳。而支乘死囚者。則損母。或支上神。尅干上神者。或天后乘之神。尅六合所乘之神者。或墓神覆日。而不見刑冲者。或三傳尅日。蛇虎入傳而日乘死囚者。則損子。或干支互尅。后合相刑。而日辰上下四課三傳。並無一吉將者。則母子俱損。凡此皆以凶斷。

（附占）三傳俱旺。末傳乘天后。或課不備而日脫辰者。不足月而生。發用空亡。傳歸實地。或陰日昴星。或伏吟無丁馬者。必過月生也。

貴人乘子午卯酉。加寅申巳亥。與壬戌日伏吟。乘天空者。雙生。

貴順傳順。或戌加亥者。順生。傳逆貴逆。或亥加戌者。逆生。（戌爲足。亥爲頭。）

伏吟不動。干支刑尅。神將俱內外戰者。逆而不生。

課體伏吟。元武加辰者。生有殘疾。（聾啞之類。）

庚辛日。神后乘虎。與卯加辰。作天空者。生而缺脣。

占家宅

（占禍福吉凶）日爲人。辰爲宅。如日上神生辰。辰上神生日者。日辰各受上神之生者。日上見辰之旺神。辰上見日之旺神者。（如甲申日一課酉甲。酉乃申之旺神。三課卯申。卯乃甲之旺神之類。）日辰各受上神之旺者。（如甲申日一課卯甲。卯乃甲之旺神。三課酉申。酉乃申之旺神之類）。辰上見德合者。（一要不空亡。二要乘吉將。）日辰上見貴人者。（亦不要空亡。）日辰上見三合六合互合。（日神合辰。辰上神合日。）而乘吉神者。辰加日生日者。（如甲子日第一課子甲之類。）貴合龍常乘日辰上。并發用者。則人福宅吉。日上神脫辰。辰上神脫日者。或日辰各受上神之脫者。（主人病。宅盜。）日上神尅辰。辰上神尅日。或日辰各受上神之尅者。（主人災。宅壞）日上神墓辰。辰上神墓日。或日辰各受上神之墓者。（主人宅昏晦。）日上神乃辰之敗氣。辰上神乃日之敗氣。（如甲申日第一課午甲。第三課子申之類。）或日辰各受上神之敗者。（如甲申日第一課子甲。第三課午申之類。

主人損宅圮。）日辰上神刑冲破害者。（若乘凶將尤甚。）日辰上神空亡者。日臨辰受尅。辰加日尅日者。（主下犯上。外侮內。宅廣人少。）三傳無氣。發用空亡者。勾元蛇虎乘日辰上。幷發用者。則人禍宅凶矣。

（占人之禍福）日上神乘吉神。作日德或日貴日祿者。日上神生日者。辰上神生日。或辰來生日者。日上神爲生氣乘龍者。日上神尅辰者。日臨辰尅辰者。辰生日上神者。日上神爲月將。又乘吉神者。（如貴合龍常之類。）課體吉。而三傳生日者。三傳生日。而天將尅日者。或三傳尅日。而天將生日者。（是爲官印顯赫。主宮貴榮達。）三傳遞生。而生日者。三傳旺相。發用日德。乘吉將者。初傳乃日前一辰。末傳乃日後一辰者。（如甲課在寅。初卯。爲引從也。）凡此皆爲福占。日上神乘凶神。作日破或日刑日害者。日上神尅日者。辰加日而墓日尅日者。日上神爲死氣。乘白虎者。辰神尅日者。日臨辰受尅者。辰尅日上神者。日上神或空亡。或脫日或敗日又乘凶神者。課體凶。而三傳尅日。（有官職不忌。）或脫日者。三傳遞尅而尅日者。發用空亡。或日墓者。發用尅日。又乘惡將者。（如蛇。虎。之類。）凡此皆爲禍占。當以日上神將之刑尅。定其事因。如貴人生日。則貴人提挈本身。

近貴榮華。尅日。干謁無效。日尅貴人。惹禍招非。螣蛇生日。則憂疑解散。尅日。則人病火災。日尅蛇。脫力虛驚。朱雀生日。則文書喜氣。尅日則是非口舌。日尅朱雀。主財物到門。六合生日。則婚姻成就。尅日。則提防哭泣。日尅六合。主進人口。勾陳生日則田土進益。尅日。則因田致訟。日尅勾陳。主修造動土。青龍生日。則財喜恩榮。尅日。則家堂不安。日尅龍。則有財喜。天空生日。則奴隸得力。尅日。則下人欺算。日尅天空。主加工修築。白虎生日。則精彩發達。尅日則孝服血災。日尅白虎反有橫財。太常生日。則人送財帛。尅日。則孝服或口腹得疾。日尅太常。反主有酒食徵召。元武生日。則有是非。尅日。失脫防盜。日尅元武。反主喜事。太陰生日。則陰人助財。尅日。則僧道暗算。日尅太陰。金銀財物自來。天后生日。則婚孕有喜。尅日。則婦人爭鬥。日尅天后。則喜事臨門。又當以三傳全體之生尅。驗其人口。如三傳全財則憂尊長。（如日上見官。則尊長喜。）三傳全印。則憂卑幼。（如日上見同類。則卑幼喜。）三傳同類則憂妻妾。（如日上見子孫。則妻妾喜）三傳子孫。則憂官祿。（如日上見財。則官祿喜）三傳全官鬼。則憂本身。與兄弟。（如日上見財。則本身兄弟喜）

又當究其空亡之爻。如父母空。則父母有不測。又當視其類神之吉凶。如六合爲兄弟。六合受尅。則兄弟不吉。又宜看其所乘之神。虛實衰旺何如　更以家人行年上神决之。禍福無遺矣。

（占宅之吉凶）辰上神爲太歲月將。又乘吉神者。太歲乘貴加辰上者。（庶人之家亦忌。）辰上神生辰者。辰上神作生氣乘龍者。辰上神爲支德。或與天喜幷者。辰上神與日上神比和。或三合六合德合乘吉神者。辰上神旺相。或辰自旺者。（如日支爲木。春占旺。）三傳旺相。發用乘吉將。支德。不尅日者。發用爲日之長生。乘吉將不尅日者。凡此皆爲吉占。

辰上神爲休囚墓絕。又乘凶神者。（如蛇虎勾元之類。）辰上神雖作生氣。而尅日者。辰上神盜辰敗辰墓辰者。辰上神空亡。或辰自空亡者。辰上神與辰自相刑冲破害者。三傳休囚乘凶將。而發用支德値空亡者。太歲乘白虎加辰上者。（有官職不忌。）辰上神尅辰者。三傳盡爲辰之鬼。或發用爲辰鬼而不生日者。凡此皆爲凶占。

又當視辰上天將之美惡。以定其興替。如貴人加宅。主家道興隆。生貴子。乘吉神。貴人欽敬。乘凶神。小口災。多慮驚。

螣蛇加宅。主憂驚怪異。亂夢火燭。幷有鬼祟。損害陰小。

朱雀加宅。主求親作書。人患眼疾。內外喧噪。如午酉日占。則婦人不和。有口舌呪咒。

六合加宅。主進小口。眷屬入門。修造動作。如戊己日則有人送物。主添丁進寶。勾陳加宅主屋宇毀壞。小口宿疾。又主傷風。若傳見朱雀。主爭田河訟不已。見白虎。主婦人久患血病。

青龍加宅。主有橫財骨肉娛樂。子孫富貴。屋宇光華。傳見六合進人口。傳見三合。積財寶。

天空加宅。主人多憂。財多散失。下人不足。陰小多災、宅神空廢。漸見凋零。

白虎加宅。主病亡喪禍。傳見朱雀勾陳。主官訟。傳見貴人。主病疼。傳見勾陳元武。主小兒病難治。

太常加宅。主宅常修飾。歌管懽呼。外家作主。女得外家財物。庫中豐滿。傳見蛇虎丁神。防孝服。

元武加宅。主宅多失脫。盜賊逃亡。少婦墮胎。家長損。陰小災或有水鬼。

太陰加宅。主生貴女。主異姓過房。財帛暗積。又主生小口。多福祿。如乘死囚。財帛損傷。小口削弱。老婦病亡。

天后加宅。主生貴女。發用太常。主宅有寡婦。發用螣蛇。多災病。傳見龍常主婚姻。傳見元武損陰小。傳見六合。多淫泆。

又當視日辰四課三傳之旬丁。以驗其未來。如丁乘貴人。主貴客來。丁乘螣蛇。主人走失。丁乘朱雀。主遠信至。丁乘六合。主子孫外合。丁乘勾陳。主兵卒勾攝。丁乘青龍。主遠行。丁乘天空。主奴婢逃亡。丁乘白虎。主孝服動。丁乘太常。主父母憂。丁乘元武。主失財不獲。丁乘太陰。主婢妾陰私。丁乘天后。主婦人遁。日上丁馬。人不安宅。

又當明其類神之分屬。以子爲房。爲遥。丑爲廚。爲花檻。寅爲前過道。又爲書院。卯爲前門。辰爲績壞。巳灶午堂未井。申爲後過道。酉爲後門。戌爲浴堂。亥爲廁。又爲樓臺。兼以家長本命配之。而吉凶無遺矣。

日上神爲舊宅。辰上神爲新宅。日上神旺相。舊宅好。如尅日。則自不欲往矣。辰上神旺相。新宅好。如尅辰。雖移住不久也。

辰左神爲左鄰。辰右神爲右鄰。觀其神將善惡而分。如辰是子。丑爲左鄰。亥爲右鄰。神將

吉則善。凶則惡也

青龍乘子臨辰巳。宅井有水

傳見巳乘天空。宅灶須修。

辰加日。乘龍。宅乃寄居。

天后太陰臨辰。而陽不備。宅掌陰人。

子午。丑未。相加。而乘朱雀。兄弟不和而分居。

墓加日。作鬼。休囚。宅墳不安。

龍臨辰生日。宅與旺。且悠久也。

龍臨辰生日。宅必驟發。唯慮不永。凡此皆禍福吉凶之附占也。

占疾病

（占死生）大抵日爲人。辰爲病。日上尅辰吉。辰上尅日凶。細分之。如四課日辰俱墓。發用又墓。而無刑冲者。白虎尅日而無救解者。白虎臨日尅日。或辰作白虎尅日者。日德日祿發用。及加年命上。而俱空亡者。（若辰上空。是爲病空。反吉。）皆屬死徵。

爲人占病。而類神値空亡者。如占父與尊長病而貴人空。占母病而太陰空。占伯叔之病而太常空。占兄弟朋友病而青龍空。占妻妾病而天后空。占子息病而六合空。占奴婢病而天空空。酉戌空。皆不吉。若四下剋上。與傳中俱財。則憂父母。四上剋下。三傳俱印。則憂子孫。

死期則以日干之絕神定。如甲日絕在申。看申臨何辰。臨歲則不出一歲。臨月不出一月。臨日不出一日。亦有以絕神下之辰。爲其死日。如絕神乘未臨午。則可斷定其爲午日死也。

年命入墓。而四課中有生氣者。課傳俱凶而類神在生旺之鄉者。白虎乘神剋日干。而干上神。反剋白虎者。白虎乘神。剋今日之支。而支上神反剋虎者。白虎乘神生日。或日生白虎乘神。或白虎作今日之德神者。（如甲日虎乘寅。）白虎剋日。而虎之陰神能制虎者。日德日祿發用。而不空亡者。皆爲不死之徵。其爲愈之期。則以日干之子孫定。如甲乙日占病。丙丁日愈。子孫能制鬼故也。

（占病症）大抵日爲人。辰爲疾。而辰上神爲受病之症。故當視辰上之神。子主傷風腎竭。如天后乘之。則男子精絕。女子血絕。亥主顚狂濕風。如元武乘之。則眼目流淚。戌主腹痛脾泄。如天空乘之。則行走艱難。酉主咳嗽勞傷。如太陰乘之。則損肺傷脾。申主男唇破。女孕危。 虎乘之。則瘡腫骨病。未主翻胃嘔吐。如太常乘之。則氣噎癆瘵。午主心痛目昏。如朱雀乘之。傷風下痢。巳主齒痛嘔血。如螣蛇乘之。則頭面疼腫。辰主遺漏瘋癱。如勾陳乘之。則咽喉腫塞。卯主胸脅多風。如六合乘之。則骨肉疼痛。寅主目疼腹痛。如青龍乘之。則肝膽胃疾。丑主氣促傷殘。如貴人乘之。則腰腿痿痺。

十二支所專屬。則亥子屬腎。巳午屬心。寅卯屬肝。申酉屬肺。辰戌丑未屬脾。

推其十二辰所變通。則亥子膀胱也。巳亥頭面也。寅申手足也。辰戌頂門也。丑未肩背耳也。卯大小腸也。午營衛也。酉肺與肝膽也。

詳其神煞所相加。則白虎加辰。霍亂吐瀉也。元武居子。腎衰也。辰戌乘后雀。瘖瘂等症也。勾陳乘戌。咽塞也。太陰乘申。腰腫也。白虎乘卯酉。吐血勞怯也。貴人守辰戌。虛腫也。白虎乘丑。腹疾也。巳亥相加。心腹有癖也。丑加亥乘虎。女經不通也。究其得病之原由。則日上神乘貴人。因思想勞苦而得也。乘蛇則驚恐憂疑而得也。乘雀則口頭咒咀而得也。乘合則喜慶婚姻而得也。乘勾陳則情緒牽絆而得也。乘龍則經營財物而得也。乘空則欺妄隱忍而得也。乘虎則弔喪問病而得也。乘太常則醉酒飽食而得也。乘元武則祭祀盜賊而得也。乘太陰則奸私暗昧而得也。乘天后則閨房酒色而得也。乘虎。自巳至戌白虎乘之。病在表也。自亥至辰。白虎乘之。病在裏也。

（占醫藥）男以天罡（卽辰）加行年上。功曹（卽寅）下。是醫神也。（如行年在寅。天罡辰加寅。則功曹寅之下爲子。子水屬北方。卽醫在北方也。行年在未。天罡辰加未。則功曹寅之下爲巳。巳火屬東南方。卽醫在東南方也。）女以天罡加行年上。傳送下。是醫神也。醫神若能尅支。或能制白虎所乘神。則善矣。不然。則于今日課前第二辰下求之。（如甲課在寅。前二辰乃是。爲值日天醫辰也。）天醫能尅支。能制白虎所乘神。則善矣。又不然。則於天醫之對冲下求之。是爲值日地醫。地醫能尅支。能制白虎所乘之神。則善矣。又或不然。則直於制白虎所乘神之辰下求之。（如虎乘申。則於午下求之。虎乘酉。則爲巳下求之。陰陽須相比。）無有則不善矣。其醫神屬木土者。宜丸散。屬水者。宜湯藥。屬火者。宜炙。屬金者。宜針砭

（占成敗。所謀望之類神。課傳不見者。（如謀望財利。而課傳絕無財神之類。）日上神與支上神冲刑破害不相合。而復乘惡將者。干支坐墓。而或干支互墓。與墓神覆日者。日辰命上所乘之將皆凶。而所傳之將復凶者。是爲不成之占。其所謀望之類神。見於課傳者。干支上神比和復乘吉將者。發用所乘之吉將。與日相合不落空亡者。三傳俱退而落空亡者。（如丑子亥是退傳。適値甲寅旬空。反宜進步以圖之也。）年命上神與所謀之類神相合。而不見刑冲。不落空亡。或貴登天門。神藏煞沒者。貴人覆日者。三傳俱吉將者。是爲可成之占。發用關格而乘惡將者。（如子加卯。午加酉。戌加亥。辰加巳。而天將復凶也。）干支俱吉。三傳凶者。所謀望之類神雖見。而落空亡與刑冲破害者。勾空元虎非類神。而日上與發用並乘者。陰蛇與雀非類神。而乘發用尅日者。三傳所乘之神。先見元武。復見勾陳者。命上神或尅日上神者。三傳初尅末傳者。三傳見類神休囚者。亦爲不成之占。發用日德日合。又乘吉將者。干支雖凶。三傳俱吉者。類神見而不落空亡。不刑冲破害者。類神發用。神煞無害者。太歲月將作貴人發用者。命上神或爲貴人。或爲月將而與發用相比和者。日上神與命上神相合。或日上神來尅命上神者。丑加巳。子加丑。更乘吉神者。（丑加巳。是戊與癸合。號爲極陽。子加丑。是牛女相配。故以吉言。）三傳末剋初傳者。三傳見類神。而旺相者。日上發用龍常。而不剋日者。（若土日龍剋之。反爲凶矣。）是亦謀望必成之占。

（占遲速）類神旺相者速。類神休囚者遲。驛馬發用者遲。日德作類神而發用者速。巳亥作類神而發用者遲。類神臨卯酉者速。類神臨辰戌者遲。三傳不　四課。而末傳歸日上者速。三傳離四課。而末傳空陷者遲。更以發用歲月日時參之。遲速了然矣。（如用年不出年。用月不出月。用日不出日。用時不失時之類。）

（附占）有宜於公而不宜於私者。課傳六陽也。宜於私　不宜於公者。課傳六陰也。所圖而知其實者。三合六合而類神見也。所圖而知其虛者。天空旬空而類神伏也。宜動而不宜靜者。丁馬並見也。宜靜而不宜動者。干支乘旺也。（如甲申日卯酉爲旺神。）自干傳支。則我去求人。自支傳干。則人來求我。先刑後合。則初難後易。先合後刑。則初易後難。三傳迭剋。而復來剋日。事雖小而終乖。太歲月將發用。大事宜也。三傳平淡而乘吉將。小事可也。幹事宜託何人。須視類神。（天乙則貴人。陰勾空則吏卒。或有服人之類。然當視支上神。）

敗事係於何人。亦視類神。（亦視支上。）類神旺則可圖現在。類神相則可圖將來。類神休則可圖過去。鬼在孟。則尊者之事難圖。鬼在仲。則同輩之事難圖。鬼在季。則陰小之事難圖。至若上尅下。則事起男子。在外。下尅上。則事起女子。在內。知一課事起比鄰。辰尅日。則言眞。日尅辰。則言僞。傳貴皆順。事順。傳貴皆逆。事逆。去辱喜空。求榮喜實。

占官祿

（類神）文視靑龍。武視太常。朱雀爲文書。白虎加官鬼。爲催官使者。且主威權也。

（所喜者）日祿印綬軒車之類。（戌爲印。未爲綬。卯爲軒車）

（所忌者）空亡與冲墓之類。

（所主者）本命與行年

（占在任之吉凶。）如日上與發用或日德日祿。或日官。上乘吉將。與中末兩傳不見空陷者。吉也。如日上發用。神將並凶。或神將雖吉。而冲墓。空亡者。凶也。

（官祿之凶）日上神與發用係日墓。或上乘白虎。或神將不吉。或三傳爲折腰。爲空陷者。則爲疾病不測之凶。（輕則疾病。重則不測。）三傳自下尅上。遞尅日干。或自上尅下。遞尅日干。而無日德解救。則爲彈劾之凶。德。祿。官。三者。落空亡。年命上之神。又乘凶將。或乘天空者。則爲去位之凶。日干之祿或寄支上。（如甲子日。寅加子上。）日干之祿。或寄支投墓。（如辛丑日酉加丑上。）而無官德救解者。則爲缺折遜避之凶。

（官祿之吉）太歲月將臨干發用。官印顯赫。祿馬扶身。貴臨天門。神藏煞沒。以及甲子庚寅日之伏吟。皆主官尊祿厚。悠久無疆。

（占陞遷之遲速）須視龍常。（文視龍。武視常。）所臨之神。如臨日辰。則佳音可翹首而待。不然。視其所臨之神。與日隔幾位。而因以定其年。與辰隔幾位。而因以定其月。龍常所乘之神。生日干者。內除也。日干生龍常所乘之神者。外除也。

（占聞報之虛實）傳課既佳。而太歲在日之前。又日上乘天喜朱雀或晝貴者。實也。傳課不佳。太歲居日後。日上乘元武空亡者。虛也。

占求財

（占財之有無）取日干所尅者爲財。而課傳俱有財現。（如甲乙日。課傳有辰戌丑未之類。）或日上神。或支上神。或命上神。俱以下尅上爲日辰命上之財。（如日是寅。寅上是丑。支是子。子上是巳。命是酉。酉上是寅之類。）或發用是暗財。乘青龍。（如辛日以寅爲財。亥子生寅木。而寅木墓於未。故亥子未皆爲辛之暗財。）或課傳無一財而三傳爲傷食。（如丁日以金爲財。課傳無金。三傳皆土。土爲丁之傷官食神。能生金財。亦是暗財。）或日財見於青龍之陰。或旺財臨於行年之上。或龍乘日上。支上。而所乘之神。爲日之長生。或日尅初傳。而三傳遞尅。凡此求財。必其有也。

三傳俱是財而財多化鬼。（如酉以木爲財。而三傳寅卯辰。財多化鬼也。）或發用是日財。而乘天空。或課傳俱無財。而青龍入廟入墓。（青龍臨寅名入廟。入墓卽坐墓。）或青龍乘空亡。而日辰上神與日相比和者。凡此皆爲求而不得之象。

（占難易）支來生日則易。支來尅日則難。財爲發用則易。財爲末傳則難。財臨干則易。干臨財則難。日德日祿爲發用則易。反吟伏吟爲課體則難。支傳干則易。干傳支則難。日上辰上神和合則易。日上辰上神背馳則難。其先難後易者初來尅日。而中末被日尅也。求之宜緩。其先易後難者。初爲日尅。中末來尅日也。取之宜速。

（占多寡）財逢旺相則多。財乘休囚則寡。發用爲財則多。中末爲財則寡。類神見則多。類神伏則寡（如求金銀。欲見酉。求衣服。見未之類。）太歲作財神。而乘青龍則多。定以先天之數。（如子午爲九數。或。十八。卅六。八十一。）加以倍減之法。（如子水在冬則倍。在夏則減也。）而多寡明矣。

（占何人所與）財乘天后。則主婦人妻妾之財。乘貴人。則主貴人尊長之財。乘青龍。則主公門貴客或道流之財。乘六合。則士大夫或術士沙門商旅之財。乘勾陳。則主惡人之財。乘螣蛇。則主婦人或醫匠之財。乘朱雀。則主使君亭長宮妃或善士之財。乘太常。則主貴人老者或女親之財。乘白虎則主兵卒僧醫或孝服之財。乘太陰。則主婦人姻親奴婢之財。乘天空則主官吏或僕從之財。乘元武。則主小兒或盜賊之財。類推可也。

（占由何來）財乘天后。是水利或酒醋之財。乘貴人。是舊宅牛畜或橋梁之財。乘青龍。是書籍或柴薪錢帛之財。乘六合。是車船竹木買賣之財。乘勾陳。是水物田土。或文書印信寶貨魚鱉之財。乘太常。是衣服緞疋或婚姻飲食之財。乘白虎。是田園大麥或湖池道路喪具之財。乘太陰。是金銀珠玉。或小麥五穀之財。乘天空。是墓墳宅舍或印信獄具之財。乘元武。是鱗介樓臺倉廩或畜類之財。

(占求財之方向)視靑龍所乘之地。(如龍居午。南方求之。)

(占求財之時日)視財爻所臨之神。(如財臨太歲。以年計。臨月建。以月計。臨日。則本日。臨時。則本時。)

(附占)以索債求者。則詳日辰時而推之。日爲財。辰爲債主。時爲欠債人。辰上神生日。日上神生辰。或俱比和。或俱吉將。或辰上神尅時上神。或以類神發用。索之有得。如財由空手求者。則財逢旺相。適値旬空是也。有無心而獲者。則太陰乘神。適作日財是也。

以借貸求者。則辨陽日陰日而推之。陽日看日上是何神。陰日看辰上是何神。丑寅乘吉將。可以立待。巳午。主遲緩終得。酉戌。目下卽得。亥子。婦人嗔。申未。空無所有。若類神見財爻旺相。不在此例。求無不得矣。

以博戲求者。則視支干。支爲主。干爲客。支尅干則主勝。干尅支則客勝。皆視上神。

以不正當求者。則視三傳或先鬼後財。或傳鬼化財。或元武附財者利。

若夫日上財爲外財。辰上財爲內財。臨丁馬則遠財。視何者之財爲旺相。而或內或外或遠或近。以求之。是求無不獲矣。

占行人

（暫出而未歸）以此人出門之時。加於今日之支上。視天罡所臨下神爲至期。假令行人是昨日巳時出門。今日是癸丑日占。卽以巳加丑上。順數前去。值天罡臨子。卽斷其子日到。或當日子時到也。

（久出而地近未歸）以月將加正時。視天罡下之神。是孟未動身。是仲在半途。是季卽至。假令酉將午時。則辰下是丑。丑爲季。主其人卽到也。

（遠游行人久出未歸）視四課內。或墓覆干。或墓覆支。或天馬驛馬乘干。或類神乘支。或日辰上見天罡者。視三傳內。或行人本命臨初傳。或初傳是日之絕神。（甲日初傳是申之類。）或初傳是日之官鬼。或初傳是日。而末傳是辰。或末傳是日之墓。或末傳是驛馬之墓。或末傳是戌加卯。加酉。或三傳內見類神。貴人或類神發用。或類神乘馬。臨日辰之墓。或白虎乘二馬者。皆主歸也。

（行人久出絕無音信）課傳內不甚了了。則視行人之行年。與今日之日干。將天盤之日干寄宮。依貴人之順逆。轉至地盤之日干寄宮。（貴順則順轉。貴逆則逆轉。）若從卯酉上經過。而卯酉上之神。不尅日。不尅行年者。其人必歸。三千里外人。視大將軍下之神。（所謂大將軍。乃亥子丑年在酉。寅卯辰年在子。巳午未年在卯。申酉戌年在午。如巳午未年大將軍在卯。卯下是子。則斷其子月子日歸也。）千里外人。視歲支下神。五百里外人。視月建下神。百里外人。視日干下神。無不應也。如不經過卯酉。或經過而日及行年爲其上神所尅。則可決其不歸矣。

（行人久出不知去向）視其行年上之神。可知其何處去。假令行年是卯。上加酉。則知其在西方。酉屬西也。

（行人出久不知其程）視行人命上之神。與年上之神。合定其程數。意其近。則一進十。十進百。意其遠。則自一而進。以至於千。若命上神與年上神旺相。則又當倍而進之。否則但有進而無倍。假令命上神是子。子數九。年上神是亥。亥數四。合成十三數。進作一百三十里。倍作二百六十里。意其遠。則可進而至二千六百里。

（占）若歸而病者。則末傳是墓。而虎乘之也。

若歸而無財者。則年命上與三傳皆無財。或見財而落空亡。或財爻乘元武也。

若歸而不如意者。則年命上乘敗神。或貴落空也。

如課傳內。日尅初傳者。初傳爲日墓者。初傳空亡者。類神空亡者。二馬空亡者。馬臨長生者。馬被合者。（如子日巳馬。臨於申上。則巳與申合。馬不動矣。）皆不歸之象也。

若爲羈留而不得歸者。則視類神上所乘之神。而斷其爲何人所留。假令類神是戌。戌加本日之貴人。是爲貴人留也。或乘天后太陰。決爲婦女留也。

若以所至之方爲樂地而不肯歸者。則類神臨長生或旺相。與驛馬臨長生也。

若中道而止。不能歸者。則陽日昴星。發用戌加亥也。

若死而不歸者。則行人本命上值墓神。乘凶將。馬臨空絕。或犯空亡之類也。

占逃亡

（近逃亡）三日以內者爲近逃亡。君子視日德。小人視支刑。（如甲子日日德在寅。支刑在卯。屬君子者視寅下。屬小人者視卯下。即其逃亡之處也。）

（遠逃亡）宜視類神。貴者視太常。父視日德。母視天后。兄弟子友視六合。妻女視神后。

（卽子。）孫視登明。（卽亥。）姊妹視太陰。傭工視朱雀。奴視河魁。（卽戌。）婢視從魁。（卽酉。）總之。可從類神所臨之方以求之也。（如占父逃亡。視日德臨午。則宜往正南方求之。）

（占所匿之處）應以方向而又參天將決之。如寅加於子。子是正北方。子上乘六合者。親戚朋友之家。天后。婦人之家。貴人。富貴之家。螣蛇。凶徒之家。朱雀。官吏之家。六合。牙儈之家。天空。獄吏之家。青龍。豪貴之家。白虎。死喪之家。太陰。陰私老婦之家。太常。善人燕樂之家。元武。奸盜之家。勾陳。公吏之家。

（占逃亡究竟）凡類神臨干者。外人獲來。臨支者。自來。發用作日德。或與日辰三合六合者。亦自來。類神在課傳不空亡者。可得。三傳不離四課。見類神者。可得。類神見而空亡者。不可得。見亦不來。課傳俱不見類神者。不可得。亦費力。

占盜賊

（占可捕與否）如日辰　見魁罡。或日鬼入傳而乘吉將。（龍合陰之類。）或丁馬發用乘太陰。或玄武與盜神及盜神之陰神。（地盤盜神上之神爲盜神之陰神。如盜神是子。則地盤子上之神。卽其陰神。與其他陰神同理。）皆比和相生。或盜神乘吉將。或盜神値旬空。而天地盤比和。或玄武所乘之神爲羊刃。又臨卯酉。或玄武所乘之神尅日。凡此皆不可捕也。

（占賊人避處）至於可捕者。則視盜神。卽知賊人所避之處。盜神是子。則賊在北方水澤之區。盜神是丑。則賊在北方近東。盜神是寅。則賊在東北方叢林之中。如乘貴人。則在書吏之家。盜神是卯。則賊在東方大林或竹叢之內。盜神是辰。則賊在東方近南。或在畫工之家。盜神是巳。則賊在東南方。盜神是午。則賊在南方。盜神是未。則賊在南方近西。盜神是申。則賊在西南方。近則州縣城闕之所。遠則村野衝要之地。盜神是酉。則賊在西方。盜神是戌。則賊在西北方。盜神是亥。則賊在西北方。居近水邊。此均從十二神之類神消息而得。仿此細推。靡有不中矣。然必盜神之天地盤相比和。方可以此爲據。若上下相尅。則賊不留此。須再視盜神之陰神也。

（占路程）道里之數。則以盜神之天地盤。合而定之。休則相加。囚死則相加而折半。相則相乘。旺則相乘而倍之。例如盜神是子加亥。子數九。亥數四。旺倍七十二里。相則三十六里。休則十三里。囚死則六七里也。如去失物之期已遠。則又當將各數倍之。乃至十倍百倍。

(占賊藏)視盜神所生之神。盜神屬陰。所生之神取陽。盜神屬陽。所生之神取陰。例如盜神是子。寅卯均爲其所生。而子屬陽。當舍寅而取卯也。生子。物藏竹木之中。或舟車之內。生丑未。物藏祠廟之內。或城闕之旁。生寅。物藏爐竈之中。或磚瓦之下。生卯。物藏窖冶之內。或箱櫃之中。生辰戌。物藏倉廩之中。或碑碣之下。生巳。物藏廊廡石欄之下。或溝瀆之中。生午。物藏園圃之中。或牆垣之下。生申。物藏園牆之下。或坑廁之中。生酉。物藏溝渠之內。或石灰之中。生亥物藏敗棺之中。或屋柱之下。此亦從十二神之類神。消息而得之者也。至於方向。則亦視盜神所生之神。如盜神是寅。寅生巳。則在東南方。盜神是申。申生亥。則在西北方也。

(占賊何等人)視玄武所乘之神。而以其類神定之。乘寅。爲公吏。爲道士。乘卯。爲術士。爲沙門。乘辰。爲惡徒。爲軍人。乘巳。爲廚夫。爲火夫。乘午。爲旅客。爲女巫。乘未。爲寡婦。爲道人。乘申。爲公人。爲金銀匠。乘酉。爲婢女。爲酒人。乘戌。爲乞丐。爲僧道。乘亥子。爲強盜。爲積竊。乘丑。爲農夫。爲兵卒。旺相則爲少壯。休囚則爲衰老。若欲其知人數。則視盜神隔玄武之位數而定之。例如玄武乘辰臨酉。則地盤辰上之亥。卽爲盜神。自亥至辰隔六位。知爲六人也。再視盜神之旺相休囚。而或增或減。斯更精矣。

（占賊形狀）亦視玄武所乘之神。乘子。面黑身長。乘丑。大腹闊口。顏醜多鬚。軀幹雄偉。乘寅。矮短美鬚髯。乘卯。瘦小善走。乘辰。目大眉粗。鬚長。貌兇惡。乘巳。瘦而長。善歌曲。乘午。身長。目斜視。乘未。目露頭白。身有孝服。乘申。身長面白。少髮。有瘻病。乘酉。武幹粗長。面有斑點。乘戌。顏醜黑。多鬚。乘亥。體肥貌醜。若賊不止一人。則指爲首者之狀也。

（占捕役勝任否）視末傳與勾陳所乘之神。然二者不可並視。並視則惑矣。如傳中見勾陳。則視其所乘之神。所乘之神作日德或羊刃。或尅玄武所乘之神。則勝任。若勾陳所乘之神。生玄武所乘之神。主得賄縱脫。玄武所乘之神作羊刃。而又尅勾陳所乘之神。主爲賊所害。又勾陳所乘之神。雖尅玄武所乘之神。而彼值旺相。此值休囚。則主賊太多而寡不敵衆。凡此皆當改捕或添捕。而後可。如三傳不見勾陳。始視末傳。蓋初賊中賊。末吏。本舊法也。其消息之法。與視勾陳之例相同。不過彼以玄武所乘之神爲賊。此則以中傳爲賊耳。又有制玄武之法者。如玄武乘酉。則用丁命人往捕。取火能尅酉金。而又避丙之合也。（丙寄巳宮。巳與酉合）又玄武臨月將。名太陽照武。宜於急捕。是又不可不知也。

占詞訟

（占內外）內而與家人訟。則日爲尊長。辰爲卑幼。外而與他人訟。則日爲原告。辰爲被告。苟無對頭。則以日爲官。辰爲己。

（占勝負）觀日辰之吉凶尅制。而勝負自明。如日吉辰凶。（指日辰上之天將而言。）或日上神尅辰上神。則尊長與原告勝。日凶辰吉。或辰上神尅日上神。則卑幼與被告勝。日辰上神比和。而不乘惡將。則和解可望矣。

投狀之初。則視朱雀。如朱雀所乘之神。與天乙所乘之神。相生相合。或相比和。而初傳又生日者。狀准。反是則否。及其既准也。則視勾陳。日尅勾陳所乘之神。則訟得直。勾陳所乘之神尅日。則訟不得直。傳遇曲直而尅日。主拘役。勾陳乘寅卯尅日。或白虎臨亥。主罰鍰。勾陳之陰神乘白虎。主重罪。勾陳之陰神乘貴人而生日。主釋放。勾陳所乘之神。尅日辰。主兩敗。勾陳所乘之神與日辰比和。主不決。朱雀開口。受枉屈而難伸也。白虎仰視。

因嫌疑而遭罪也。斗罡臨日。子孫入傳。或貴人入獄。囚禁不出也。太歲兼貴人生日。罪雖重。可望末減也。貴人臨日而順治。直者勝而屈者負也。天乙發用而尅日。宜聲請移轉管轄也。貴人値空亡。案久懸而不結也。三刑六害。凶神惡煞。疊見於日辰發用。訟必負也。玄武所乘之神。教唆鬼也。可視類神而知其爲何等人也。神后之下。避罪方也。至於決大疑重獄。而欲廉得其眞情。則以日爲我。辰爲囚。日上神尅辰上神。則囚當吐實。若天空臨辰上。則囚終忍楚不供矣。

簡括言之。凡占詞訟。所喜者。貴人青龍。太常。天后也。所忌者。勾陳。朱雀。白虎。螣蛇也。課傳中見勾雀虎蛇尅日。均凶。又丁神入傳逢羊刃。亦凶。惟初傳白虎。末傳螣蛇。則雖凶而不爲禍。以其爲虎頭而蛇尾也。

占訪謁

(占見否)以日爲我。辰爲彼。日辰上神。宜相生。不宜相尅。日辰上逢三六合而不空亡。訪之有益。日貴日德發用者。必見。發用與所往方之神合。(例如所往方是寅。發用爲亥。亥與寅爲六合。所往方是申。發用爲子。子與申爲三合。)亦主必見也。此外日上見巳亥。或辰上見小吉。亦可望見。斗罡加孟。立見。加仲。須稍待而後見。加季。則決不出見矣。又當視所謁之類神。例如見文官視青龍。見武官視太常。餘類推。類神臨日辰或發用者。必見。類神落空。或不入傳者。必不見也。又課體得伏吟。或陰日昴星。亦不見之兆也。

(占利否)視日德之陰神。(如甲日德在寅。地盤寅上之神。即日德之陰神也。)乘貴人。主彼極喜悅。我可進見。乘螣蛇。主彼有口舌。我當暫避。其餘可依類神而推之。若餽物而不知受否。則視日辰上神。辰上神尅日下神者受。日上神尅辰上神者不受。投書不知達否。則視朱雀。朱雀所乘之神。與貴人所乘之神相合者達。否則不達。至於有所干求。則視類神。求財物視青龍。求文書視朱雀。求酒食視太常。若所乘之神。與日相生相合。或臨日辰發用。必遂。否則不遂。

占出行

(占吉凶)以日爲行人。辰爲行程。日上神旺相乘吉將。與辰上神相生或相合。天驛二馬入傳。不値空亡。臨地盤生旺德合之鄉者吉。反是則不吉。又辰上神生日及年命。大吉。日及年命尅辰上神。次之。辰上神尅日及年命。則凶矣。若日上神生年命。主戀家。行必緩。日辰上下相尅。或墓神覆日。或日上神値空亡。均主不行。中末傳逢空亡。而初傳不空者。主行至中道而回。初末傳逢空亡。而末傳生日者。主近方不利。遠方利。

(占水陸)以日爲陸。辰爲水。日上神乘吉將。與日生合者。宜陸。辰上神乘吉將。與辰生合者。宜水。日上神乘玄武。尅年命。陸路須防盜賊。乘白虎尅年命。主途中抱病。日上神乘凶將。辰上神乘吉將。當急往他鄉。反是則宜安居。不利攸往。

(占喜忌)大抵出行。最忌羅網關格。俱主阻塞不通。羅卽天羅(干前一位爲天羅。)網卽地網(天羅對冲爲地網)。關格則子加卯。午加酉是也。所喜者。驛馬與丁神也。然亦不宜尅害日干。

(占投宿)以日爲行人。辰爲旅舍。日辰上神生合比和。乘吉將者吉。若辰上神尅日上神。或辰上神乘蛇虎勾玄者。均不可宿。

(占渡江)視登明。加孟。有大風。加仲。有小風。加季。則無風。

(主迷路)視天罡。加孟。路在左。加仲。路在前。加季。路在右。

(占家中安否)視發用。乘貴常龍合陰。家內平安。乘雀。有口舌。乘蛇。有驚恐。或火燭。

乘勾。有爭訟。乘虎。有災病。乘玄。有盜失。

(占來人善惡)視神后。加孟善良。加仲商賈。加季奸惡。如人自船上來者。則視天罡。加孟吏人。加仲商賈。加季奸惡。

占墳墓

(占吉凶)以日爲生人。辰爲亡人與墓。辰生日。或辰下神生日者吉。辰尅日。或辰上神尅日者凶。發用生日者吉。日生發用者凶。凡已葬之地。宜安穩不宜刑害。未葬之地。宜生旺不宜破敗。以亥爲天柱。寅爲青龍。申爲白虎。子爲水。以玄武所乘之神爲主山。所對之神爲案山。課傳中並見。則數者俱全。課傳中有缺。則數者不全。其吉凶則視其上神而定之。例如寅是青龍。亥加之則相生爲吉。酉加之。則相尅爲凶。次以青龍爲主。以日鬼之墓爲墓。青龍與墓。生合而無刑尅者爲吉。反是則凶。

(附占)視日辰課傳。定其所蔭。貴人順治。傳見四孟者。蔭長。貴人逆治。傳見四仲者蔭次。日辰上見四季者。蔭末。視辰上所乘之神。定其所應。乘丁馬。主遷移不定。乘蛇雀空亡。主怪異蕩覆。乘六合玄武作支鬼。主門戶不潔。若乘吉將而旺相。上下不相尅害。則人鬼咸安。富貴雙全。大吉。

(占葬後)以五行發用。定葬後吉凶。木神發用。旺相乘吉將。子孫寬容仁惠。爲州縣之官。休囚乘凶將。子孫剛愎固執。爲竹木之匠。火神發用。旺相乘吉將。子孫亢爽信實。爲文學之士。休囚乘凶將。子孫奸詐浮滑。爲爐冶之工。土神發用。旺相乘吉將。子孫敦厚忠良。爲富家之翁。休囚乘凶將。子孫頑愚遲鈍。爲田舍之子。金神發用。旺相乘吉將。子孫剛強堅毅。爲統兵之將。休囚乘凶將。子孫兇惡殘暴。爲屠狗之夫。火神發用。旺相乘吉將。子孫聰慧智巧。爲發明之家。休囚乘凶將。子孫遊蕩輕浮。爲破落之戶。至於葬後之代數。則初傳爲第一代。中傳爲第二代。末傳爲第三代。俱以其所乘之神煞。定其吉凶。若遇空亡。而無生氣。無救神。即斷其某代欲敗絕。宜改遷別處。方可挽救也。

(占墓下何物)則視課傳五行之所勝者而決之。金勝。下有骸骨瓦石銅鐵等物。木勝。下有棺槨。水勝。下有湧泉。火勝。下有破石孔穴。惟土勝。則下無雜物。平坦安穩。至吉之穴也。

占失物

(占尋獲與否)以日爲自己。辰爲他人。所失之物。則視類神。凡類神入課傳。而不乘玄武。

不落空亡者。當於類神所臨之地尋之。例如所失之物為金銀。金銀之類神為酉。若酉加子上。當於房內尋之。蓋子為房也。類神不見。或見而乘玄武者。主為人盜去。玄武臨卯辰巳午未申。則白日盜去也。臨酉戌亥子丑寅。則夜間盜去也。類神見而落空亡者。則遺失不獲。若辰上神乘天空。而不見玄武者。家人隱藏也。日上神乘太陰。隱藏之人。不密而可尋也。太陰六合。與類神作三六合。亦可尋。類神作長生。或入墓。雖失必得也。類神臨日辰本命。或墓神發用。物未失也。貴人順行。玄武不見。自己遺失也。若疑家人為盜。而不知其為誰。則玄武所臨之神。卽其人之行年也。若失物為賊所盜。而不知其為何等人。則視玄武所乘之神而定。屬陽為男。屬陰為女。旺相為少壯。休囚為衰老。至欲知盜之獲否。則玄武所乘之神。為日上神所剋者。必獲。為年上神所剋者。亦可獲。若為太歲所剋。主年內獲。為月建所剋。主月內獲。是數者均無。則不可獲矣。

（課體）知一鄰人取。見機家內尋。伏吟盜未出門。亦當參考也。

占交易

占交易。大概以日為人。辰為物。而買物則以辰為我。日為人。發用為物。賣物則以日為我。

辰爲人。發用爲物。日辰上神相生。買賣可成。辰上神乘吉將。則物貴而宜於賣。辰上神乘凶將。則物賤而宜於買。日財旺相。物雖濫而必售。日財乘青龍。物雖珍而必獲。日上神生日。辰上神尅辰。售雖速而利少。日上神尅日。辰上神生辰。售雖遲而利厚。類神乘螣蛇。而帶囚死。價雖賤而難脫。類神入傳。日辰相生乘吉將。三傳均旺相。則可居奇而待價。若類神不入傳。或入傳而逢空入墓。休囚無氣。日辰相刑害。則交易難望成就。財爻不宜太多太旺。尤忌空絕。兄弟爻不宜多見。以其爲刼財也。至於交易之處。則視青龍與驛馬長生所臨之方而往。可卜利市三倍矣。

占奴婢

凡占奴婢。以日爲主人。辰爲奴婢。戌爲奴之類神。酉爲婢之類神。類神入傳。乘吉將。及辰上神生日上神者。主奴忠婢良。類神入傳。乘凶將。及辰上神尅日上 者。主奴奸婢惡。類神乘玄武。主走失。乘丁馬主逃亡。其訪尋之法。大略與占盜賊同。如傳中不見酉戌。則視天空。蓋天空亦奴婢之類神也。天空所乘之神。若與日相生相合。則吉。否則不吉。所乘之神爲魁罡。必非良善。如天空又不入傳。可視地盤酉戌上之神而論斷之。

占卜講義 卷四

嘉興韋千里編

三傳總覽

千課每日有十二式。（每日十二占時。每一占時。成爲一式。）以六十花甲日乘之。凡得七百二十課。三傳之取法。雖已詳述於卷一。然初學頗難記憶。茲特提出各課三傳及名目。載明於後以便初學者占演耳。

甲子日

干上子　戌申午　元首

干上丑　子亥戌　比用

干上寅　寅巳申　伏吟

干上卯　辰巳午　重審

干上辰　辰午申　重審

干上巳　申亥寅　重審

干上午　辰申子　元首

干上未　子巳戌　比用

干上申　寅申寅　返吟

干上酉　寅酉辰　知一

干上戌　戌午寅　重審

干上亥　午卯子　元首

乙丑日

干上	初傳	中傳	末傳	課名
子	巳	丑	酉	元首
丑	丑	戌	未	重審
寅	亥	酉	未	重審
卯	子	亥	戌	重審
辰	辰	丑	戌	伏吟
巳	寅	卯	辰	元首
午	申	戌	子	重審
未	未	戌	丑	重審
申	酉	丑	巳	重審
酉	寅	未	子	重審
戌	戌	辰	戌	返吟
亥	卯	戌	巳	比用

丙寅日

干上	初傳	中傳	末傳	課名
子	子	未	寅	知一
丑	戌	午	寅	重審
寅	亥	申	巳	遙尅
卯	丑	亥	酉	重審
辰	子	亥	戌	比用
巳	巳	申	寅	伏吟
午	辰	巳	午	重審
未	辰	午	申	重審
申	申	亥	寅	重審
酉	酉	丑	巳	重審
戌	子	巳	戌	比用
亥	寅	申	寅	返吟

丁卯日

干上	初傳	中傳	末傳	課名
子	巳	戌	卯	重審
丑	卯	酉	卯	返吟
寅	戌	巳	子	重審
卯	未	卯	亥	元首
辰	子	酉	午	遙尅
巳	亥	酉	未	涉害
午	丑	子	亥	重審
未	卯	子	午	伏吟
申	辰	巳	午	涉害
酉	酉	亥	丑	重審

干上戌　酉子卯　重審

干上亥　亥卯未　涉害

戊辰日

干上子　子未寅　涉害

干上丑　子申辰　重審

干上寅　寅亥申　元首

干上卯　丑亥酉　重審

干上辰　卯寅丑　元首

干上巳　巳申寅　伏吟

干上午　寅午午　別責

干上未　申戌子　重審

干上申　亥寅巳　遙尅

干上酉　子辰申　遙尅

干上戌　寅未子　重審

干上亥　亥巳亥　返吟

己巳日

干上子　巳戌卯　比用

干上丑　巳亥巳　返吟

干上寅　酉辰亥　涉害

干上卯　卯亥未　元首

干上辰　寅亥申　遙尅

干上巳　丑亥酉　重審

干上午　卯寅丑　元首

干上未　巳申寅　伏吟

干上申　申申午　昴星

干上酉　亥丑卯　遙尅

干上戌　申亥寅　重審

干上亥　酉丑巳　涉害

庚午日

子干上　辰申子　涉害

丑干上　辰酉寅　知一

寅干上　寅申寅　返吟

卯干上　戌巳子　比用

辰干上　子申辰　涉害

巳干上　巳寅亥　元首

午干上　寅子戌　涉害

未干上　午巳辰　遙尅

申干上　申寅巳　伏吟

酉干上　戌未酉　昴星

戌干上　申戌子　涉害

亥干上　酉子卯　重審

辛未日

子干上　寅辰午　遙尅

丑干上　亥丑丑　別責

寅干上　亥卯未　比用

卯干上　巳戌卯　涉害

辰干上　巳丑辰　返吟

巳干上　酉辰亥　涉害

午干上　卯亥未　知一

未干上　亥未未　別責

申干上　午辰寅　元首

酉干上　巳辰卯　遙尅

戌干上　未丑戌　伏吟

亥干上　申亥申　昴星

壬申日

子干上　丑寅卯　元首

丑干上　子寅辰　重審

寅干上　巳申亥　遙尅

卯干上　未亥卯　重審

辰干上　辰酉寅　元首

巳干上　寅申寅　返吟

午干上　午丑申　涉害

未干上　子申辰　重審

申干上　巳寅亥　元首

酉干上　午辰寅　元首

干上戌　戌酉申　元首

干上亥　亥申寅　伏吟

癸酉日

干上子　未午巳　遙尅

干上丑　丑戌未　伏吟

干上寅　亥子丑　重審

干上卯　丑卯巳　元首

干上辰　辰未戌　元首

干上巳　酉丑巳　涉害

干上午　未子巳　比用

干上未　卯酉卯　返吟

干上申　亥午丑　涉害

干上酉　巳丑酉　元首

干上戌　午卯子　涉害

干上亥　未巳卯　遙尅

甲戌日

干上子　午辰寅　涉害

干上丑　子亥戌　比用

干上寅　寅巳申　伏吟

干上卯　辰巳午　比用

干上辰　辰午申　涉害

干上巳　申亥寅　重審

干上午　寅午戌　元首

干上未　子巳戌　比用

干上申　寅申寅　返吟

干上酉　子未寅　知一

干上戌　戌午寅　重審

干上亥　申巳寅　遙尅

乙亥日

子 干上 未卯亥 涉害

丑 干上 丑戌未 重審

寅 干上 酉未巳 遙尅

卯 干上 戌酉申 元首

辰 干上 辰亥巳 伏吟

巳 干上 丑寅卯 元首

午 干上 申戌子 重審

未 干上 未戌丑 重審

申 干上 未亥卯 重審

酉 干上 寅未子 重審

戌 干上 巳亥巳 返吟

亥 干上 午丑申 重審

丙子日

子 干上 子未寅 涉害

丑 干上 申辰子 遙尅

寅 干上 午卯子 元首

卯 干上 丑亥酉 重審

辰 干上 戌酉申 知一

巳 干上 巳申寅 伏吟

午 干上 寅卯辰 比用

未 干上 辰午申 重審

申 干上 申亥寅 重審

酉 干上 酉丑巳 重審

戌 干上 巳戌卯 重審

亥 干上 午子午 伏吟

丁丑日

子 干上 巳戌卯 重審

丑 干上 亥未丑 伏吟

寅 干上 卯戌巳 重審

卯 干上 巳丑酉 元首

辰 干上 子辰戌 昴星

巳 干上 亥酉未 重審

午 干上 子亥戌 重審

未 干上 丑戌未 伏吟

申 干上 申酉戌 重審

酉 干上 酉亥丑 重審

干上戌　午戌辰　昴星

干上亥　酉丑巳　重審

戊寅日

干上子　子未寅　重審

干上丑　戌午寅　重審

干上寅　寅亥申　元首

干上卯　丑亥酉　重審

干上辰　子亥戌　比用

干上巳　巳申寅　伏吟

干上午　辰巳午　重審

干上未　辰午申　重審

干上申　申亥寅　重審

干上酉　丑午酉　昴星

干上戌　子巳戌　比用

干上亥　寅申寅　返吟

己卯日

干上子　巳戌卯　比用

干上丑　卯酉卯　返吟

干上寅　戌巳子　重審

干上卯　未卯亥　涉害

干上辰　子酉午　遙尅

干上巳　亥酉未　涉害

干上午　丑子亥　重審

干上未　卯子午　伏吟

干上申　辰巳午　重審

干上酉　亥丑卯　遙尅

干上戌　酉子卯　重審

干上亥　亥卯未　涉害

庚辰日

干上子　辰申子　元首
干上丑　寅未子　重審
干上寅　寅申寅　返吟
干上卯　午丑申　涉害
干上辰　子申辰　重審
干上巳　巳寅亥　元首
干上午　寅子戌　涉害
干上未　卯寅丑　元首
干上申　申寅巳　伏吟
干上酉　午未申　遙尅
干上戌　申戌子　涉害
干上亥　寅巳申　遙尅

辛巳日

干上子　寅辰午　遙尅
干上丑　申亥寅　重審
干上寅　酉丑巳　比用
干上卯　卯申丑　重審
干上辰　巳亥巳　返吟
干上巳　未寅酉　涉害
干上午　午寅戌　元首
干上未　寅亥申　遙尅
干上申　丑亥酉　重審
干上酉　卯寅丑　元首
干上戌　巳申寅　伏吟
干上亥　午未申　遙尅

壬午日

干上子　丑寅卯　元首
干上丑　申戌子　重審
干上寅　酉子卯　重審
干上卯　未亥卯　重審
干上辰　辰酉寅　知一
干上巳　午子午　返吟
干上午　午丑申　重審
干上未　戌午寅　重審
干上申　巳寅亥　元首
干上酉　寅子戌　元首

干上戌　戌酉申　元首
干上亥　亥午子　伏吟

癸未日

干上子　巳辰卯　遙尅
干上丑　丑戌未　伏吟
干上寅　申寅申　昴星
干上卯　巳未酉　遙尅
干上辰　辰未戌　元首
干上巳　酉丑巳　涉害
干上午　巳戌卯　比用
干上未　未丑未　返吟
干上申　卯戌巳　重審
干上酉　卯亥未　涉害
干上戌　戌未辰　元首
干上亥　巳卯丑　遙尅

甲申日

干上子　午辰寅　涉害
干上丑　子亥戌　比用
干上寅　寅巳申　伏吟
干上卯　辰巳午　重審
干上辰　辰午申　涉害
干上巳　申亥寅　重審
干上午　辰申子　元首
干上未　子巳戌　比用
干上申　寅申寅　返吟
干上酉　戌巳子　比用
干上戌　子申辰　涉害
干上亥　巳寅亥　元首

乙酉日

干上子　巳丑酉　元首
干上丑　丑戌未　重審
干上寅　未巳卯　遙剋
干上卯　申未午　遙剋
干上辰　辰酉卯　伏吟

干上巳　亥子丑　重審
干上午　申戌子　重審
干上未　未戌丑　重審
干上申　申子辰　元首
干上酉　未子巳　比用

干上戌　卯酉卯　返吟
干上亥　亥午丑　比用

丙戌日

干上子　子未寅　知一
干上丑　酉巳丑　遙剋
干上寅　亥申巳　遙剋
干上卯　丑亥酉　重審
干上辰　卯寅丑　元首

干上巳　巳申寅　伏吟
干上午　亥子丑　重審
干上未　子寅辰　重審
干上申　申亥寅　重審
干上酉　酉丑巳　重審

干上戌　申丑午　知一
干上亥　巳亥巳　返吟

丁亥日

干上子　巳戌卯　重審
干上丑　巳亥巳　返吟
干上寅　午丑申　重審
干上卯　未卯亥　涉害
干上辰　巳寅亥　元首

干上巳　酉未巳　遙剋
干上午　戌酉申　元首
干上未　亥未丑　伏吟
干上申　申酉戌　重審
干上酉　酉亥丑　重審

干上戌　午戌寅　昴星
干上亥　未亥卯　重審

戊子日

干上子　子未寅　重審
干上丑　巳申丑　昴星
干上寅　寅亥申　涉害
干上卯　丑亥酉　重審
干上辰　戌酉申　知一
干上巳　巳申寅　伏吟
干上午　寅卯辰　知一
干上未　辰午申　重審
干上申　卯午酉　遙尅
干上酉　辰申子　元首
干上戌　巳戌卯　重審
干上亥　午子午　返吟

己丑日

干上子　巳戌卯　比用
干上丑　亥未丑　返吟
干上寅　卯戌巳　重審
干上卯　卯亥未　涉害
干上辰　子辰戌　昴星
干上巳　亥酉未　重審
干上午　子亥戌　重審
干上未　丑戌未　伏吟
干上申　寅卯辰　元首
干上酉　卯巳未　元首
干上戌　午戌辰　昴星
干上亥　酉丑巳　涉害

庚寅日

干上子 辰申子 元首
干上丑 子巳戌 比用
干上寅 寅申寅 返吟
干上卯 戌巳子 比用
干上辰 子申辰 涉害

干上巳 巳寅亥 元首
干上午 午辰寅 涉害
干上未 子亥戌 比用
干上申 申寅巳 伏吟
干上酉 辰巳午 重審

干上戌 辰午申 涉害
干上亥 申亥寅 重審

辛卯日

干上子 巳未酉 遙尅
干上丑 酉子卯 重審
干上寅 亥卯未 涉害
干上卯 卯申丑 重審
干上辰 卯酉卯 返吟

干上巳 戌巳子 重審
干上午 未卯亥 知一
干上未 子未子 昴星
干上申 亥酉未 涉害
干上酉 丑子亥 重審

干上戌 卯子午 伏吟
干上亥 辰巳午 重審

壬辰日

干上子 丑寅卯 元首
干上丑 申戌子 重審
干上寅 戌丑辰 遙尅
干上卯 未亥卯 重審
干上辰 寅未子 重審

干上巳 巳亥巳 返吟
干上午 午丑申 比用
干上未 子申辰 重審
干上申 巳寅亥 元首
干上酉 寅子戌 元首

干上戌 戌酉申 知一
干上亥 亥辰戌 伏吟

癸巳日

干上子 卯寅丑 元首
干上丑 丑戌未 伏吟
干上寅 未申酉 遙尅
干上卯 未酉亥 遙尅
干上辰 申亥寅 重審
干上巳 酉丑巳 涉害
干上午 午亥辰 重審
干上未 巳亥巳 返吟
干上申 卯戌巳 重審
干上酉 巳丑酉 元首
干上戌 戌未辰 元首
干上亥 丑亥酉 重審

甲午日

干上子 寅子戌 涉害
干上丑 子亥戌 比用
干上寅 寅巳申 伏吟
干上卯 辰巳午 重審
干上辰 辰午申 涉害
干上巳 申亥寅 比用
干上午 寅午戌 元首
干上未 子巳戌 比用
干上申 寅申寅 返吟
干上酉 酉辰亥 元首
干上戌 戌午寅 重審
干上亥 申巳寅 遙尅

乙未日

干上子　卯亥未　元首
干上丑　丑戌未　重審
干上寅　亥寅巳　昂星
干上卯　戌卯午　昂星
干上辰　辰未丑　伏吟
干上巳　酉戌亥　遙尅
干上午　申戌子　重審
干上未　未戌丑　重審
干上申　亥卯未　重審
干上酉　巳戌卯　比用
干上戌　戌辰戌　返吟
干上亥　午丑申　重審

丙申日

干上子　戌巳子　比用
干上丑　子申辰　重審
干上寅　巳寅亥　元首
干上卯　丑亥酉　重審
干上辰　卯寅丑　元首
干上巳　巳申寅　伏吟
干上午　酉戌亥　遙尅
干上未　子寅辰　重審
干上申　申亥寅　重審
干上酉　酉丑巳　重審
干上戌　卯申丑　元首
干上亥　寅申寅　返吟

丁酉日

干上子　未子巳　涉害
干上丑　卯酉卯　返吟
干上寅　亥午丑　重審
干上卯　巳丑酉　元首
干上辰　午卯子　元首
干上巳　丑巳巳　別責
干上午　申未午　遙尅
干上未　酉未丑　伏吟
干上申　亥子丑　比用
干上酉　酉亥丑　重審

干上戌　子卯午　遙剋

干上亥　亥卯未　元首

戊戌日

干上子　子未寅　重審

干上丑　寅戌午　遙剋

干上寅　寅亥申　元首

干上卯　丑亥酉　重審

干上辰　卯寅丑　元首

干上巳　巳申寅　伏吟

干上午　亥子丑　重審

干上未　子寅辰　重審

干上申　亥寅巳　遙剋

干上酉　寅午戌　元首

干上戌　申丑午　知一

干上亥　亥巳亥　返吟

己亥日

干上子　巳戌卯　比用

干上丑　巳亥巳　返吟

干上寅　午丑申　重審

干上卯　未卯亥　涉害

干上辰　巳寅亥　元首

干上巳　卯丑亥　遙剋

干上午　戌酉申　元首

干上未　亥未丑　伏吟

干上申　丑寅卯　元首

干上酉　丑卯巳　涉害

干上戌　寅巳申　遙剋

干上亥　亥卯未　涉害

庚子日

干上	三傳	課名
干上子	辰申子	元首
干上丑	巳戌卯	重審
干上寅	寅申寅	返吟
干上卯	戌巳子	比用
干上辰	子申辰	重審
干上巳	午卯子	比用
干上午	午辰寅	涉害
干上未	戌酉申	元首
干上申	申寅巳	伏吟
干上酉	寅卯辰	知一
干上戌	辰午申	涉害
干上亥	午酉子	遙尅

辛丑日

干上	三傳	課名
干上子	卯巳未	元首
干上丑	巳丑丑	別責
干上寅	酉丑巳	比用
干上卯	卯申丑	重審
干上辰	亥未辰	返吟
干上巳	卯戌巳	重審
干上午	巳丑酉	知一
干上未	巳未未	別責
干上申	亥酉未	重審
干上酉	子亥戌	重審
干上戌	丑戌未	伏吟
干上亥	寅卯辰	元首

壬寅日

干上	三傳	課名
干上子	辰巳午	重審
干上丑	辰午申	重審
干上寅	申亥寅	重審
干上卯	未亥卯	重審
干上辰	子巳戌	比用
干上巳	寅申寅	返吟
干上午	午丑申	重審
干上未	戌午寅	重審
干上申	巳寅亥	元首
干上酉	戌申午	元首

干上戌　子亥戌　比用

干上亥　亥寅巳　伏吟

癸卯日

干上子　丑子亥　重審

干上丑　丑戌未　伏吟

干上寅　辰巳午　重審

干上卯　未酉亥　遙尅

干上辰　酉子卯　重審

干上巳　酉丑巳　涉害

干上午　午亥辰　重審

干上未　卯酉卯　返吟

干上申　卯戌巳　比用

干上酉　未卯亥　涉害

干上戌　戌未辰　元首

干上亥　亥酉未　涉害

甲辰日

干上子　寅子戌　涉害

干上丑　子亥戌　比用

干上寅　寅巳申　伏吟

干上卯　辰巳午　重審

干上辰　辰午申　涉害

干上巳　申亥寅　重審

干上午　申子辰　遙尅

干上未　子巳戌　涉害

干上申　寅申寅　返吟

干上酉　午丑申　比用

干上戌　子申辰　涉害

干上亥　申巳寅　遙尅

乙巳日

干上子　酉巳丑　遙尅
干上丑　丑戌未　重審
干上寅　丑亥酉　重審
干上卯　卯寅丑　元首
干上辰　辰巳申　伏吟
干上巳　未申酉　遙尅
干上午　申戌子　重審
干上未　未戌丑　比用
干上申　酉丑巳　重審
干上酉　寅未子　重審
干上戌　巳亥巳　返吟
干上亥　午丑申　重審

丙午日

干上子　子未寅　知一
干上丑　戌午寅　重審
干上寅　子酉午　遙尅
干上卯　丑亥酉　重審
干上辰　卯寅丑　元首
干上巳　巳申寅　伏吟
干上午　申酉戌　遙尅
干上未　申戌子　重審
干上申　申亥寅　比用
干上酉　酉丑巳　重審
干上戌　辰酉寅　知一
干上亥　午子午　返吟

丁未日

干上子　巳戌卯　比用
干上丑　巳丑丑　返吟
干上寅　酉辰亥　知一
干上卯　卯亥未　元首
干上辰　亥辰辰　八專
干上巳　丑巳巳　八專
干上午　卯午午　八專
干上未　未丑戌　伏吟
干上申　申酉戌　重審
干上酉　酉亥丑　重審

干上戌 亥戌戌 八專
干上亥 亥卯未 重審

戊申日

干上子 子未寅 涉害
干上丑 子申辰 重審
干上寅 寅亥申 知一
干上卯 丑亥酉 重審
干上辰 卯寅丑 元首
干上巳 巳申寅 伏吟
干上午 戌酉午 昴星
干上未 子寅辰 重審
干上申 寅巳申 遙尅
干上酉 辰申子 元首
干上戌 卯申丑 元首
干上亥 寅申寅 返吟

己酉日

干上子 未子巳 涉害
干上丑 卯酉卯 返吟
干上寅 亥午丑 重審
干上卯 卯亥未 涉害
干上辰 午卯子 元首
干上巳 卯丑亥 遙尅
干上午 戌午申 昴星
干上未 酉未丑 伏吟
干上申 亥子丑 重審
干上酉 丑卯巳 元首
干上戌 卯午酉 遙尅
干上亥 亥卯未 重審

庚戌日

干上	三傳	課體
干上子	辰申子	涉害
干上丑	申丑午	知一
干上寅	寅申寅	返吟
干上卯	戌巳子	比用
干上辰	子申辰	重審
干上巳	巳寅亥	元首
干上午	午辰寅	元首
干上未	午巳辰	遙剋
干上申	申寅巳	伏吟
干上酉	亥子丑	重審
干上戌	子寅辰	重審
干上亥	寅巳申	遙剋

辛亥日

干上	三傳	課體
干上子	丑卯巳	涉害
干上丑	巳申亥	遙剋
干上寅	未亥卯	比用
干上卯	卯申丑	重審
干上辰	巳亥巳	返吟
干上巳	午丑申	重審
干上午	未卯亥	涉害
干上未	巳寅亥	元首
干上申	午辰寅	元首
干上酉	戌酉申	元首
干上戌	亥戌未	伏吟
干上亥	丑寅卯	元首

壬子日

干上	三傳	課體
干上子	寅卯辰	知一
干上丑	辰午申	重審
干上寅	午酉子	遙剋
干上卯	未亥卯	重審
干上辰	巳戌卯	重審
干上巳	午子午	返吟
干上午	午丑申	重審
干上未	未卯亥	涉害
干上申	午卯子	知一
干上酉	戌申午	元首

干上戌 戌酉申 元首
干上亥 亥子卯 伏吟

癸丑日

干上子 子亥戌 重審
干上丑 丑戌未 伏吟
干上寅 寅卯辰 元首
干上卯 卯巳未 元首
干上辰 辰未戌 元首

干上巳 酉丑巳 涉害
干上午 午亥辰 重審
干上未 未丑未 返吟
干上申 卯戌巳 重審
干上酉 巳丑酉 元首

干上戌 戌未辰 元首
干上亥 亥酉未 重審

甲寅日

干上子 戌申午 元首
干上丑 子亥戌 比用
干上寅 寅巳申 伏吟
干上卯 辰巳午 重審
干上辰 辰午申 重審

干上巳 申亥寅 重審
干上午 申午午 八專
干上未 子巳戌 比用
干上申 寅申寅 返吟
干上酉 酉辰亥 元首

干上戌 戌午寅 重審
干上亥 丑亥亥 八專

乙卯日

干上子 未卯亥 元首

干上丑 丑戌未 重審

干上寅 亥酉未 涉害

干上卯 丑子亥 重審

干上辰 辰卯子 伏吟

干上巳 辰巳午 重審

干上午 申戌子 重審

干上未 酉子卯 涉害

干上申 亥卯未 涉害

干上酉 寅未子 重審

干上戌 卯酉卯 返吟

干上亥 午丑申 涉害

丙辰日

干上子 午丑申 比用

干上丑 子申辰 重審

干上寅 亥申巳 遙尅

干上卯 丑亥酉 重審

干上辰 卯寅丑 元首

干上巳 巳申寅 伏吟

干上午 亥午午 別責

干上未 申戌子 重審

干上申 申亥寅 重審

干上酉 酉丑巳 重審

干上戌 寅未子 重審

干上亥 巳亥巳 返吟

丁巳日

干上子 巳戌卯 重審

干上丑 巳亥巳 返吟

干上寅 酉辰亥 涉害

干上卯 亥未卯 遙尅

干上辰 亥申巳 遙尅

干上巳 丑亥酉 重審

干上午 卯寅丑 元首

干上未 巳申寅 伏吟

干上申 申酉戌 重審

干上酉 酉亥丑 重審

干上戌　申亥寅　重審

干上亥　酉丑巳　重審

戊午日

干上子　子未寅　重審

干上丑　戌午寅　重審

干上寅　寅亥申　元首

干上卯　丑亥酉　重審

干上辰　卯寅丑　元首

干上巳　巳申寅　伏吟

干上午　寅午午　別責

干上未　申戌子　重審

干上申　酉子卯　重審

干上酉　寅午戌　元首

干上戌　辰酉寅　知一

干上亥　午子午　返吟

己未日

干上子　巳戌卯　比用

干上丑　巳丑丑　返吟

干上寅　酉辰亥　知一

干上卯　卯亥未　元首

干上辰　亥辰辰　八專

干上巳　丑巳巳　八專

干上午　卯午午　八專

干上未　未丑戌　伏吟

干上申　未申申　八專

干上酉　酉酉酉　獨足

干上戌　亥戌戌　八專

干上亥　亥卯未　重審

庚申日

干上子　辰申子　元首
干上丑　卯丑丑　八專
干上寅　寅申寅　返吟
干上卯　戌巳子　比用
干上辰　子申辰　重審
干上巳　巳寅亥　元首
干上午　午辰寅　元首
干上未　酉未未　八專
干上申　申寅巳　伏吟
干上酉　亥酉酉　八專
干上戌　子寅辰　重審
干上亥　丑亥亥　八專

辛酉日

干上子　丑卯巳　元首
干上丑　卯午酉　遙尅
干上寅　寅午戌　重審
干上卯　未子巳　涉害
干上辰　卯酉卯　返吟
干上巳　亥午丑　重審
干上午　巳丑酉　知一
干上未　午卯子　元首
干上申　午辰寅　元首
干上酉　丑酉酉　別責
干上戌　酉戌未　伏吟
干上亥　亥子丑　重審

壬戌日

干上子　亥子丑　重審
干上丑　子寅辰　重審
干上寅　辰未戌　遙尅
干上卯　未亥卯　重審
干上辰　辰酉寅　涉害
干上巳　巳亥巳　返吟
干上午　午丑申　重審
干上未　未卯亥　涉害
干上申　巳寅亥　元首
干上酉　午辰寅　元首

干上	三傳	課體
戌	戌酉申	元首
亥	亥戌未	伏吟

癸亥日

干上	三傳	課體
子	戌酉申	元首
丑	丑戌未	伏吟
寅	丑寅卯	元首
卯	丑卯巳	涉害
辰	辰未戌	元首
巳	酉丑巳	涉害
午	午亥辰	重審
未	巳亥巳	返吟
申	卯戌巳	比用
酉	未卯亥	涉害
戌	巳寅亥	知一
亥	未巳卯	遙尅

占驗憶譚

余不善卜。而就余卜者日多。占斷後之驗與不驗。固無從一一探悉。間有友好相告。則課式早忘。僅言其事實而已。下列二十則。曩歲曾刊諸大美晚報。茲特附錄於後。以爲本書之殿。

丁丑年八月初四日巳將辰時。

午戌　酉戌亥子
未午　申　　丑
亥戌　未　　寅
子亥　午巳辰卯

亥子丑

陳君久居虹口。八一三戰事既起。避難法界。倉卒中夫婦失散。就卜於余。余曰。干支上神各居自刑。干支陰神上又復相害。固不免勞燕分飛。咫尺天涯。然而進茹之課。格合三奇。應有鏡合之望。三傳亥子丑。恐巳北上。立冬後。當獲團敍矣。前日陳君又來余寓。介紹友人占父病。余叩以近況。謂所斷盡驗。其妻先逃至北新涇。旋與同鄉人買舟返江北母家。十月間以通州不靖。復來海上同居云。

丁丑年四月廿三日申將卯時。

子巳　丑寅卯辰
巳子　子　　巳
子未　亥　　午
巳子　戌酉申未

巳戌卯

姻弟高聲鏞。投考中華書局。囑占究竟。余曰。鑄印之課。仰且簾幙臨干。應試必中。惟初傳巳火。丁馬相併。落於空陷。還賴末傳卯木生之。須經兩試。方得錄取。時隔月餘。晤聲鏞語余曰。始而名落孫山。以爲此課不驗矣。嗣有二人及格者。因病不能治事。書局特函召再試。乃獲任職於會計部云。

丙子年十一月初四日寅將卯時。

子癸　未申酉戌

亥子　午　亥

申酉　巳　子

未申　辰卯寅丑

未午巳

李嘯天君占婚姻。余曰　必成。成後必有訟。干支上下相合。所以必成也。支神生干。則眷戀之意。女尤深切。君命戊午。女命己未。午未又合。洵屬良緣。初傳未鬼。中末生之。以尅日上青龍。末傳巳財。又遁旬鬼。必主因妻搆訟耳。娶後月餘。果爲一陳某所控。蓋女之父母。已許親於陳。而伊人芳衷。獨傾向李君也。旋稍破財。訟案以結。

丙子年五月廿九日未將亥時。

辰庚　辰巳午未
子辰　卯　　申
申子　寅　　酉
辰申　丑子亥戌

子
申
辰

吳翁服務海關多年。因病而擬告退。就余卜焉。余曰。恐不獲准。惟尊職必有人庖代耳。明春則可言歸矣。蓋卦名迴環。乃進旺之氣。而非退位之象。初終空陷。日祿歸支。似有替職之徵。課傳脫干。病非一時可愈。明年暮春辰月。龍神空墓。則瓜熟而蒂落矣。春旺於木。木為日財。且有鉅款到手也。後果上峯愛其忠勤。未許避退。而准予病假。旋以痼疾久延。始於丁丑三月免職。並給以重金云。

丁丑年四月十五日申將亥時。

未辛　巳午未申
辰未　辰　　酉
申亥　卯　　戌
巳申　寅丑子亥

巳
寅
亥

謝君占妻病。余曰。食神乘空。必爲胸膈阻塞。不能飲食之症。日鬼發用。祿臨死地。夫占妻而財爻值空。皆不祥之兆也。今雖末傳亥水制鬼。苟延殘喘而已。五月丙午。火勢更旺。必不治矣。上星期謝君又來寓。囑爲合婚。蓋前妻已故。擬續膠焉。詢其死於何時。謂因滴水不入。請西醫打針。亦罔效。延至四月卅日。終於寶隆醫院。余查此日爲丙寅。已交芒種。木火狂熾。鬼力彌張。信哉。數之不可逃也。

丁丑年十一月初七日寅將酉時。

丑庚　　丑寅卯辰
午丑　　子　　巳
亥午　　亥　　午
辰亥　　戌酉申未

辰酉寅

嚴春堂先生。被日軍逮捕。盟兄龔若萍君。服務於藝華公司。賓主情深。彌爲關注。特來囑占究竟。余曰。此爲驀越之課。事乃倉卒而起。情必疏遠誤會。且元武發用。必教唆有人耳。干支互脫。宜乎人宅舉不安也。幸辰落於空。末傳寅木又尅之。干上丑土生庚。虛驚而已。必無凶險。且頗受彼方優待也。以日計之。本月十四日丁丑。當有恢復自由之望。後果如期釋放歸來。

丁丑年三月廿八日酉將卯時。

戌乙　寅卯辰巳
辰戌　丑　午
丑未　子　未
未丑　亥戌酉申

戌
辰
戌

程國初君。囑演此課。余詢所占何事。程君曰。耳先生名久矣。茲事體大。請先斷其成敗。再當明告。余曰課傳純土。滿目皆財。君殆卜求財之事歟。然爲反吟無依之卦。局合稼穡。三傳空陷。必有聲無實。可望不可接。取之不得。不取又貪。如身入寶山。空手以歸也。程君頷首曰。前與友開礦河南。誠如先生所謂有聲無實。可望不可接。耗盡資財。空空如也。今友人擬再招股進行。以追前失。家嚴反對殊甚。聆先生言。不取又貪。寶山空歸。亦意中事耳。當往辭絕焉。遂道謝而去。

丁丑年四月廿一日申將丑時。

寅丁　卯辰巳午
酉寅　寅　未
子巳　丑　申
未子　子亥戌酉

酉辰亥

馬少舟君。年卅七歲。遣人赴南京借款。預卜結果遂否。余曰。財貴發用。青龍加於日上。貴人臨於行年。（行年壬寅）本命辛丑。又與酉合。定邀對方允許。惟財不得令。以初傳酉字計之。不過六數而已。驛馬入墓。辰上朱雀。所使之人。必先空手而歸。其銀當由郵信寄來也。是日另有一孫某。二十三歲。亦占得此課。詢收賬事。以本命乙卯。冲酉金財爻。余言其十不獲一。後果盡如所斷。

丙子年七月廿九日巳將子時。

子巳　丑寅卯辰
巳子　子　巳
辰亥　亥　午
酉辰　戌酉申未

巳戌卯

陸君擬開設綢肆。既賃屋於拋球場。因友人之介。來寓囑占該宅利否。余曰。干上有財。支上見庫。財神又歸宅庫。營業必佳。但初傳巳。中傳戌。淪於空陷。九年或九月之後。恐被人爭奪。蓋巳爲四數。戌爲五數故也。後果如所斷。巳於今年初夏。爲一鐘表商以重金挖去。按此課名鑄印損模。凡占有始無終。嘗有人卜赴任吉否。余言其在位必不久。旋聞未滿二月。果爲同寅參劾去職云。

丁丑年十一月二十日丑將子時。

寅癸　酉戌亥子

卯寅　申　丑

申寅申

申未　未　寅

酉申　午巳辰卯

嚴老太太占其婿在漢皋安否。壻即淞滬警備司令楊虎。時報間盛傳楊已爲委員長槍決矣。余曰。昴星課乃虎狼當道之象。空氣固甚緊張。然初末旬空。本命戊子。又臨太陰。絕無危害。干支上下皆冲。僚寀同袍之中。或有鑿枘不容者。謠傳之來。殆由此故耳。翌日各報又競載。漢口中國當局。證實楊氏安然存在云。

丁丑年正月廿九日亥將戌時。

亥子丑

申丁
酉申
戌酉
亥戌

酉戌亥子
申　　丑
未　　寅
午巳辰卯

名妓可卿。擬從良。苦無適意者。就余卜焉。余曰。卽有遇矣。惟爲續絃。且當遠行耳。不日。果識一孫某。孫江西籍。悼亡巳半載。甫來海上。驟見傾心。旣效雙飛。同歸故里。後可卿告以占課事。孫奇之。來書詢及課理。余覆曰。支上乘天后。三傳進茹。婚媾之成自速。戌爲丁墓。娶者前妻必故矣。則非續膠而何。驛馬發用。所以卽有遠行也。

丁丑十月廿六日午時寅將。

卯亥未

卯己
亥卯
卯未
亥卯

辰巳午未
卯　　申
寅　　酉
丑子亥戌

丁丑冬間。上海糧食與燃料。皆起恐慌。有錢而無處可買。以視米珠薪桂。殆尤過焉。王君將訂購大批西貢米。藉爲投機。先占其價之漲落。余力勸打消此念。蓋干與支皆受上尅。三傳化木又尅日。價必疲軟。難以居奇。中傳亥財又化鬼。則損失且不貲也。後果洋米源源而來。行市大有江河日下之勢。

丁丑年二月初五日亥將酉時。

未巳	巳卯	巳卯	卯癸

未
酉
亥

戊	亥	子	丑
酉			寅
申			卯
未	午	巳	辰

李翁服官多年。忽被參劾去職。不甘雌伏。擬再謀事於他方。占得此課。余曰。日干上卯。日支上巳。畢法賦所謂簾幙貴人高甲第。昂藏千里。前程必遠。惟三傳自上生下。四課自下生上。謂之水涸其源。木斷其根。翁命恐不久耳。後聞果握重權於西省。但未滿三月。卒於任次。

丁丑年十月初九日卯將戌時。

卯辛　丑寅卯辰
申卯　子　　巳
卯申丑　午丑　亥　　午
亥午　戌酉申未

粹華卡片廠主人黃滌生君。占寶興路之總廠安全否。時鬧北房屋。已泰半成灰燼矣。余曰。無害。卽內中貨物。亦不致損失。蓋此課名週而復始格。而辰上神旣爲支德。又生日支。支之陰陽。且皆吉將。雖在烽烟礮火之中。却可穩如金湯也。後晤及黃君。謂已派人前往視察。渠廠巍然獨存。其前後左右各家。或焚或炸。瓦礫一片矣。

丁丑年十月廿二日寅將卯時。

卯乙　未申酉戌
寅卯　午　　亥
丑子亥　寅卯　巳　　子
丑寅　辰卯寅丑

朱君服務於本埠實業界。以青島友人函召合作工廠。躊躇勿決。占得此課。余曰。退茹逢空。本可進行。乃三傳皆生我之神。而值空陷。書所謂見生不生。不如無生。則此行反多凶象。况卯爲日祿。既旺祿臨身。終以守舊爲佳也。旋又來寓。謂聆余言。既免跋踄。且得保持原有根株。蓋不日青島風雲忽起。渠友亦且買棹來滬。今海上之職位。雖如雞肋乏味。幸尙能苟安也。

丙子年十二月十七日子將子時。

巳丙　申酉戌亥

巳巳　未　子

辰辰　午　丑

巳申寅

辰辰　巳辰卯寅

丁丑臘月某日。魏君過訪。曰。歲云暮矣。煩卜明年戊寅之休咎。並謂客冬曾囑預占今歲流年。所斷盡驗。余言其外場事業變動。家內有三大喜慶。果以時局關係。棄政就商。而乃翁續絃。渠之妻妾。又各生一子。豈非三喜併臨。上卽丙子年所占之課式。蓋丁馬發用。驛馬歸計。自有動象於外。支之陰陽。皆乘靑龍。宜其喜上加喜於內也。

丁丑年九月初一日辰將辰時。

寅甲　申酉戌亥

寅寅　未　子

寅巳申　子子　午　丑

子子　巳辰卯寅

李君聞其父病於長沙。因滬戰方酣。交通困難。就余决行止焉。余曰。三傳寅巳申。甲之祿在寅。病在巳。絕在申。申又得令。而爲日鬼。令尊病必不起。且危在旦夕。君卽馳往。恐亦不及躬送也。三日後。果有電自湘省來。乃翁西歸矣。嘗閱吳越春秋。記有某年三月。范蠡占吳王病。亦得此課式。斷曰無妨。後果全痊。余考其理。蓋春月木旺金囚。祿重鬼輕之故也。

丁丑年二月廿三日戌將子時。

申辛　午未申酉

午申　巳　戌

午辰寅　未酉　辰　亥

巳未　卯寅丑子

黃君以政治嫌疑。被官廳逮捕。其友鄭某委占吉凶。余曰。此寃獄也。蓋末傳寅木。生起初傳午火。而尅辛金日干。必教唆有人耳。幸中傳辰土生干。又乘朱雀而遁丙官。與辛相合。當有顯者提絜。一紙文書。卽得釋放矣。鄭又詢顯者爲何許人。余曰。辰既係生氣。必父母面上之人耳。後果不爽。其父進京託某名公馳函營救。於三月十三日出獄。

丁丑年九月十六日辰將辰時。

未己　申酉戌亥

卯子午　未未　未　子

卯卯　午　丑

卯卯　巳辰卯寅

皖人程某。寓滬有年矣。家僅一妻一傭婦。會有同鄉徐姓者。借榻其處。當晚程妻忽失去首飾數件。固疑爲徐所取。然無佐證。礙難指斥。就決於余。余曰。元武乘酉。必爲婢輩所竊。幸首飾之類神亦屬酉。酉乃日之長生。况伏吟課而支上發用。雖失可得。物尙在家。其速偵之。後果嚴詰傭婦。始慚懼不諱曰。物藏廚房煤球籮內。當奉還而歇工。但祈勿聲張耳。

丁丑年九月十一日辰將子時。

午甲　子丑寅卯

戊午　亥　辰

寅午戌

寅戊　戌　巳

午寅　酉申未午

某婦占婚姻。余曰。靑龍爲正夫。乘申金尅之。又屬空亡。必逃亡而去。此番言嫁。恐已第二度矣。午爲媒。午上見河魁爲奴僕。得毋傭人爲月老歟。然而靑龍之陰爲偏夫。臨子乘蛇。子之陰神。又乘元武。必係匪人。而更不如前者。愼之哉。愼之哉。婦唯唯而去。

韋千里

著書

命學講義　實售五元

相法講義　實售五元

占卜講義　實售五元

賣卜

談命　拾元

論相　拾元

占課　拾元

批命　百元

時間　下午一時至七時

館址　上海南京路大慶里卅四號

電話　館內　九三八二一

　　　住宅　九二三四〇

中華民國三十一年八月初版

占卜講義 全一冊

▲平裝紙面實價五元
（外埠酌加郵費）

著述者 韋千里

出版者 韋千里

發行處 千頃堂書局 三馬路望平街東首 電話九三六七七

經售處 各埠各大書局

總發行所上海 南京路大慶里三十四號 韋氏命苑

編號	書名	作者	備註
占筮類			
1	擲地金聲搜精秘訣	心一堂編	沈氏研易樓藏稀見易占秘鈔本
2	卜易拆字秘傳百日通	心一堂編	
3	易占陽宅六十四卦秘斷	心一堂編	火珠林占陽宅風水秘鈔本
星命類			
4	斗數宣微	【民國】王裁珊	民初最重要斗數著述之一；未刪改本
5	斗數觀測錄	【民國】王裁珊	失傳民初斗數重要著作
6	《地星會源》《斗數綱要》合刊	心一堂編	失傳的第三種飛星斗數
7	《斗數秘鈔》《紫微斗數之捷徑》合刊	心一堂編	珍稀「紫微斗數」舊鈔
8	斗數演例	心一堂編	秘本
9	紫微斗數全書（清初刻原本）	題【宋】陳希夷	斗數全書本來面目；有別於錯誤極多的坊本
10－12	鐵板神數（清刻足本）——附秘鈔密碼表	題【宋】邵雍	無錯漏原版秘鈔密碼表　首次公開！
13－15	蠢子數纏度	題【宋】邵雍	蠢子數連密碼表打破數百年秘傳　首次公開！
16－19	皇極數	題【宋】邵雍	清鈔孤本附起例及完整密碼表研究神數必讀！
20－21	邵夫子先天神數	題【宋】邵雍	附手鈔密碼表研究神數必讀！
22	八刻分經定數（密碼表）	題【宋】邵雍	皇極數另一版本；附手鈔密碼表
23	新命理探原	【民國】袁樹珊	子平命理必讀教科書！
24－25	袁氏命譜	【民國】袁樹珊	
26	韋氏命學講義	【民國】韋千里	民初二大命理家南袁
27	千里命稿	【民國】韋千里	北韋
28	精選命理約言	【民國】韋千里	北韋之命理經典
29	滴天髓闡微——附李雨田命理初學捷徑	【民國】袁樹珊、李雨田	命理經典未刪改足本
30	段氏白話命學綱要	【民國】段方	民初命理經典最淺白易懂
31	命理用神精華	【民國】王心田	學命理者之寶鏡

編號	書名	作者	說明
32	命學探驪集	【民國】張巢雲	
33	澹園命談	【民國】高澹園	發前人所未發 稀見民初子平命理著作
34	算命一讀通——鴻福齊天	【民國】不空居士、覺先居士合纂	
35	子平玄理	【民國】施惕君	
36	星命風水秘傳百日通	心一堂編	
37	命理大四字金前定	題【晉】鬼谷子王詡	源自元代算命術
38	命理斷語義理源深	心一堂編	稀見清代批命斷語及活套
39-40	文武星案	【明】陸位	失傳四百年《張果星宗》姊妹篇　千多星盤命例　研究命學必備
相術類			
41	新相人學講義	【民國】楊叔和	失傳民初白話文相術書
42	手相學淺說	【民國】黃龍	民初中西結合手相學經典
43	大清相法	心一堂編	
44	相法易知	心一堂編	重現失傳經典相書
45	相法秘傳百日通	心一堂編	
堪輿類			
46	靈城精義箋	【清】沈竹礽	
47	地理辨正抉要	【清】沈竹礽	沈氏玄空遺珍 玄空風水必讀
48	《玄空古義四種通釋》《地理疑義答問》合刊	沈瓞民	
49	《沈氏玄空吹虀室雜存》《玄空捷訣》合刊	【民國】申聽禪	
50	漢鏡齋堪輿小識	【民國】查國珍、沈瓞民	失傳已久的無常派玄空經典
51	堪輿一覽	【清】孫竹田	
52	章仲山挨星秘訣（修定版）	【清】章仲山	章仲山無常派玄空珍秘 門內秘本首次公開 沈竹礽等大師尋覓一生未得之珍本！
53	臨穴指南	【清】章仲山	
54	章仲山宅案附無常派玄空秘要	心一堂編	
55	地理辨正補	【清】朱小鶴	玄空六派蘇州派代表作
56	陽宅覺元氏新書	【清】元祝垚	簡易・有效・神驗之玄空陽宅法
57	地學鐵骨秘　附　吳師青藏命理大易數	【民國】吳師青	釋玄空廣東派地學之秘
58-61	四秘全書十二種（清刻原本）	【清】尹一勺	玄空湘楚派經典本來面目 有別於錯誤極多的坊本

編號	書名	作者	備註
62	地理辨正補註 附 元空秘旨 天元五歌 玄空精髓 心法秘訣等數種合刊	【民國】胡仲言	貫通易理、巒頭、三元、三合、天星、中醫
63	地理辨正自解	【清】李思白	公開玄空家「分率尺、工部尺、量天尺」之秘
64	許氏地理辨正釋義	【民國】許錦灝	民國易學名家黃元炳力薦
65	地理辨正天玉經內傳要訣圖解	【清】程懷榮	秘訣一語道破，圖文并茂
66	謝氏地理書	【民國】謝復	玄空體用兼備、深入淺出
67	論山水元運易理斷驗、三元氣運說附紫白訣等五種合刊	【宋】吳景鸞等	失傳古本《玄空秘旨》《紫白訣》
68	星卦奧義圖訣	【清】施安仁	
69	三元地學秘傳	【清】何文源	
70	三元玄空挨星四十八局圖說	心一堂編	三元玄空門內秘笈　清鈔孤本 過去均為必須守秘不能公開秘密 與今天流行飛星法不同
71	三元挨星秘訣仙傳	心一堂編	
72	三元地理正傳	心一堂編	
73	三元天心正運	心一堂編	
74	元空紫白陽宅秘旨	心一堂編	
75	玄空挨星秘圖 附 堪輿指迷	心一堂編	
76	姚氏地理辨正圖說 附 地理九星并挨星真訣全圖 秘傳河圖精義等數種合刊	【清】姚文田等	
77	元空法鑑批點本——附 法鑑口授訣要、秘傳玄空三鑑奧義匯鈔 合刊	【清】曾懷玉等	蓮池心法　玄空六法 門內秘鈔本首次公開
78	元空法鑑心法	【清】曾懷玉等	
79	蔣徒傳天玉經補註	【清】項木林、曾懷玉	
80	地理學新義	【民國】俞仁宇撰	
81	地理辨正揭隱（足本） 附連城派秘鈔口訣	【民國】王邈達	揭開連城派風水之秘
82	趙連城傳地理秘訣附雪庵和尚字字金	【明】趙連城	
83	趙連城秘傳楊公地理真訣	【明】趙連城	
84	地理法門全書	仗溪子、芝罘子	巒頭風水，內容簡核、深入淺出
85	地理方外別傳	【清】熙齋上人	巒頭形勢、「望氣」「鑑神」
86	地理輯要	【清】余鵬	集地理經典之精要
87	地理秘珍	【清】錫九氏	巒頭、三合天星，圖文並茂
88	《羅經舉要》附《附三合天機秘訣》	【清】賈長吉	清鈔孤本羅經、三合訣法圖解
89-90	嚴陵張九儀增釋地理琢玉斧巒	【清】張九儀	清初三合風水名家張九儀經典清刻原本！

編號	書名	作者	說明
91	地學形勢摘要	心一堂編	形家秘鈔珍本
92	《平洋地理入門》《巒頭圖解》合刊	【清】盧崇台	平洋水法、形家秘本
93	《鑒水極玄經》《秘授水法》合刊	【唐】司馬頭陀、【清】鮑湘襟	千古之秘，不可妄傳匪人
94	平洋地理闡秘	心一堂編	雲間三元平洋形法秘鈔珍本
95	地經圖說	【清】余九皋	形勢理氣、精繪圖文
96	司馬頭陀地鉗	【唐】司馬頭陀	流傳極稀《地鉗》
97	欽天監地理醒世切要辨論	【清】欽天監	公開清代皇室御用風水真本
三式類			
98－99	大六壬尋源二種	【清】張純照	六壬入門、占課指南
100	六壬教科六壬鑰	【民國】蔣問天	由淺入深，首尾悉備
101	壬課總訣	心一堂編	過去術家不外傳的珍稀六壬術秘鈔本
102	六壬秘斷	心一堂編	
103	大六壬類闡	心一堂編	
104	六壬秘笈——韋千里占卜講義	【民國】韋千里	六壬入門必備
105	壬學述古	【民國】曹仁麟	依法占之，「無不神驗」
106	奇門揭要	心一堂編	集「法奇門」、「術奇門」精要
107	奇門行軍要略	【清】劉文瀾	條理清晰、簡明易用
108	奇門大宗直旨	劉毗	天下孤本 首次公開 虛白盧藏本《秘藏遁甲天機》 奇門不傳之秘 應驗如神
109	奇門三奇干支神應	馮繼明	
110	奇門仙機	題【漢】張子房	
111	奇門心法秘纂	題【漢】韓信（淮陰侯）	
112	奇門廬中闡秘	題【三國】諸葛武侯註	
選擇類			
113－114	儀度六壬選日要訣	【清】張九儀	清初三合風水名家張九儀擇日秘傳
115	天元選擇辨正	【清】一園主人	釋蔣大鴻天元選擇法
其他類			
116	述卜筮星相學	【民國】袁樹珊	民初二大命理家南袁北韋 南袁之術數經典
117－120	中國歷代卜人傳	【民國】袁樹珊	